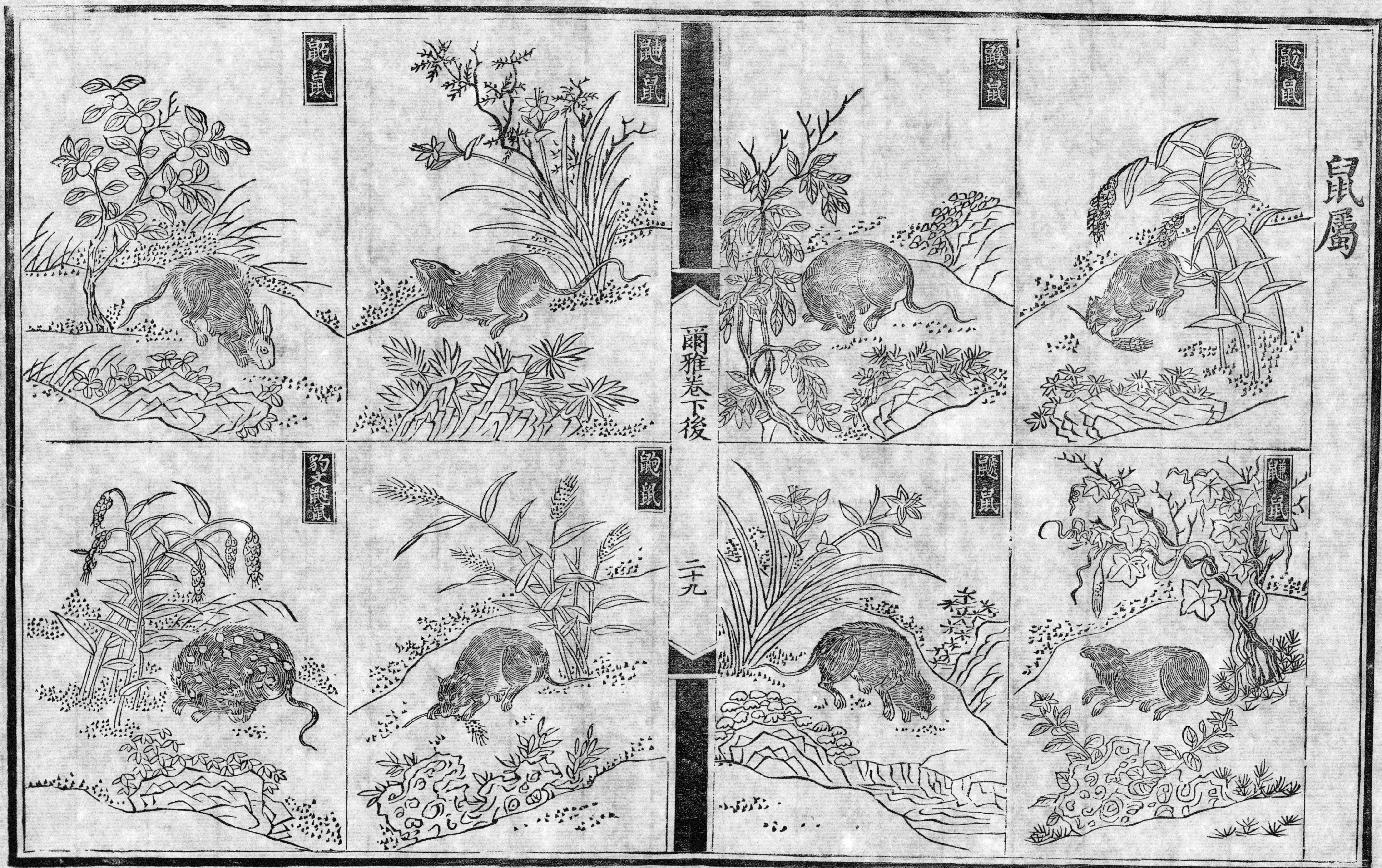

鼠屬
鼧鼠
鼬鼠
鼶鼠
鼫鼠
豹文鼮鼠
鼩鼠
鼸鼠
鼳鼠
爾雅卷下後
二十九

寓屬

麋，牡麔〔麔音襯。國語曰獸長……〕，牝麎，其子麇，其跡躔〔躔，脚所踐之處〕，絕有力狄。

鹿，牡麚〔麚音加〕，牝麀〔詩曰麀鹿麌麌，鄭康成……，麀音虞〕，其子麛〔麛音迷〕，其跡速，絕有力麤〔麤音栗〕。

麕，牡麌〔……但重言麌耳〕，牝麜，其子麆〔麆音助〕，其跡解〔解音檢〕，絕有力豜。

狼，牡獾〔獾音歡〕，牝狼，其子獥〔獥音剛〕，其跡遠〔音……〕，絕有力迅〔迅音欣〕。

兔子，嬎〔嬎俗呼……，嬎音娩〕。

豕子，豬〔今亦曰豕，豬通名〕。幼〔最後生者為幺，幺呼……〕。奏者，豱〔今豱豬……所寢橧〕。宗，二師一特〔……〕。皆白，豥〔豥音核〕。滴〔滴音……蹄蹄也〕，其跡刻，絕有力軛〔軛音……五尺者……〕。牝豝〔豝音巴〕。

虎竊毛謂之虦貓〔虦音棧。貓竊淺也。詩曰有貓有虎〕。

貘，白豹〔貘似熊，小頭，厚脚，黑白駁，能舐食銅鐵……〕。甝，白虎〔甝漢宣帝時南郡獲之……〕。虪，黑虎〔晉永嘉四年建平秭歸縣檻得之……山海經云……〕。

貀，無前足〔……晉大康七年，召陵扶夷縣檻得一獸……〕。鼫鼠，身長須而賊，秦人謂之小驢〔……律曰三千其捕虎豹一歲……〕。

貙獌，似貍〔文有角，兩脚……〕。黑豹〔……〕。貍子，隸〔今或呼曳，貍子……〕。貔，白狐，其子縠〔……黑虎〕。

熊，虎醜，其子狗，絕有力麙〔麙音鉗〕。貒父，貒足有香〔脚似熊……〕。豺，狗足〔狗似貙，貙音樞〕。獌，似貍〔獂音萬，似貍〕。

羆，如熊，黃白文〔今山民呼羆為……木關西呼羆曰豿罷。猛憨多力，能拔樹。羆音零〕。

麢，大羊〔羱羊似羊而大角，在山崖間。麢音京〕。麠，大鹿〔麠音京。麃音炮〕。

牛尾一角〔然謂之麟者，此是也。漢武帝郊雍得一角獸，若麃然，謂之麟者此是也。麃即麞。麐音……〕。麠旄……

[illegible]

魋如小熊，竊毛而黃。〔今建平山中有此獸，狀如小熊而行健。音頹。〕俗呼爲赤熊，即貔也。

羱羊。〔羱羊似吳羊而大角，角橢，出西方。〕

麠，麋身牛尾一角。〔麟音。〕

犀似豕。〔形似水牛，豬頭，庳腳，腳有三蹄，大腹，黑色，三角，一在頂上，一在額上，一在鼻上。在鼻上者即食角也，小而不橢，好食棘。亦有一角者。〕

兕似牛。〔一角，青色，重千斤。〕

狻麑如虥貓，食虎豹。〔即師子也，出西域。漢順帝時，疏勒王來獻犎牛及師子。〕

狒狒如人，被髮迅走，食人。〔梟羊也。《山海經》曰：其狀如人面，長脣黑身，有毛反踵，見人則笑。交廣及南康郡山中亦有此物，大者長丈許，俗呼之曰山都。〕

猶如麂，善登木。〔健上樹。〕

貍、狐、貒、貈醜，其足蹯，〔蹯，掌也。音煩。有掌蹯。〕其跡𨂁。〔𨂁，指頭處也。音頭。〕

彙，毛刺。〔今蝟狀如鼠。刺音次。〕

威夷，長脊而泥。〔才力少。泥。〕

豪，豬。〔豪豬，據，音。頭，今建平山中有豪豬，似豭而大如狗，似獺，夾髀有麤豪，長數尺，能以脊上豪射物，亦自爲牝牡。雨即……麢麖短脰。〕

麕：牡麌，牝麜，其子麆，其跡解，絕有力麐。

蜼，卬鼻而長尾。〔蜼，獼猴而大，黃黑色，尾長數尺，似獺，尾末有岐，鼻露向上，雨即自縣於樹，以尾塞鼻，或以兩指。江東人亦取養之，爲物……〕

猩猩，小而好啼。〔《山海經》曰：人面豕身，能言語。今交阯、封溪縣出猩猩，狀如獾㹠，聲似小兒啼。〕

闕泄多狃。〔未詳。狃音鈕。〕

有力者。〔似狗，多力，獷惡。出西海大秦國，有養豪據。迅。〕

蒙頌，猱狀。〔即蒙貴也。狀如蜼而小，紫黑色，可畜，健捕鼠，勝於貓。九真、日南皆出之。蒙亦獼猴之類。〕

猱蝯善援。〔猱蝯，音袁。善援，便攀緣。玃父，甫音。善顧，獼猴而大，似玃。〕

猱之類。〔之玃，鏡音蝯。〕

猴，黃黑色，能舉石擿人。玃類也，迅。尾末有岐，鼻露向上，雨即……

其頭黑色，多髯，好登山峰。猩猩，小而好啼。

黃黑色，以尾長數尺，塞鼻，或以兩指，江東人亦取養之……

縣於樹，好登，以兩指江東人亦取養之，爲物……

時善躁。〔領承音。〕

捷健。〔縣，音。〕

交阯封溪縣出猩猩。〔小兒啼。〕

如玃狌狌狀，小兒啼。

鼳，鼠身長須而賊。〔地中行者，鼠藏食。音狊。〕

鼠屬

鼢鼠。〔地中行者。襄國有鼢鼠，毒者螫，斯音鼠。小。〕

鼸鼠。〔以頰裹藏食。夏音。〕

鼫鼠。〔大尾。性好穴，江東呼爲鼯鼠。音石。大尾。〕

鼯鼠。〔飛生鼠。佐音鼠。啖鼠江東呼爲鼯鼠，音大。〕

鼬鼠。〔正曰鼬鼠，今鼬。似鼬，赤黃色，大尾。音由。〕

鼰鼠。〔名曰鼰鼠，亦鼲。時音鼠。詳。〕

鼢鼠。〔吠音鼠，然形則獸云狀，如鼠。石音。〕

[illegible]

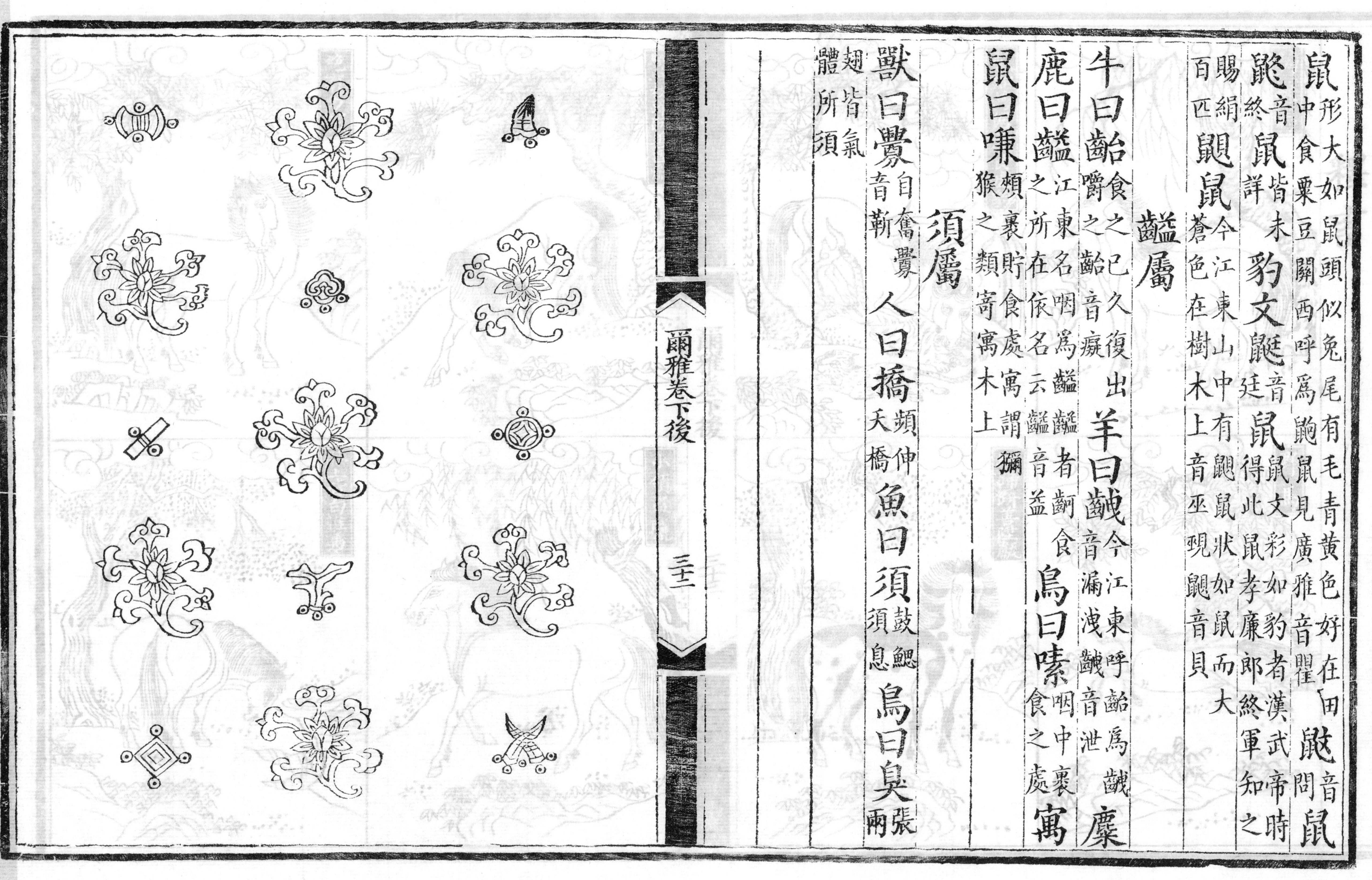

鼫鼠。形大如鼠，頭似兔，尾有毛，青黄色，好在田中食粟豆，關西呼為鼫鼠，見廣雅。音瞿。鼫音鼠。皆未詳。

豹文，鼮鼠。鼠文彩如豹者，漢武帝時得此鼠，孝廉郎終軍知之，賜絹百匹。鼮音廷。

鼳鼠。今江東山中有鼳鼠，狀如鼠而大，蒼色，在樹木上。鼳音巫覡。鼳音覡。

牛曰齝。食之已久，復出嚼之。齝音癡。

羊曰齥。今江東呼齝為齥，音漏洩。齥音泄。

鹿曰齝。今江東名咽為齝，齝者齘食，之所在依名云。齝音益。

鳥曰嗉。受食之處。

寓鼠曰嗛。頰裏貯食處。寓謂獼猴之類，寄寓木上。謂獼。

須屬。

獸曰釁。自奮迅。釁音舋。

人曰撟。頸伸。天橋。撟音橋。

魚曰須。鼓鰓。須音息。

鳥曰狊。張兩翅，皆氣體所須。

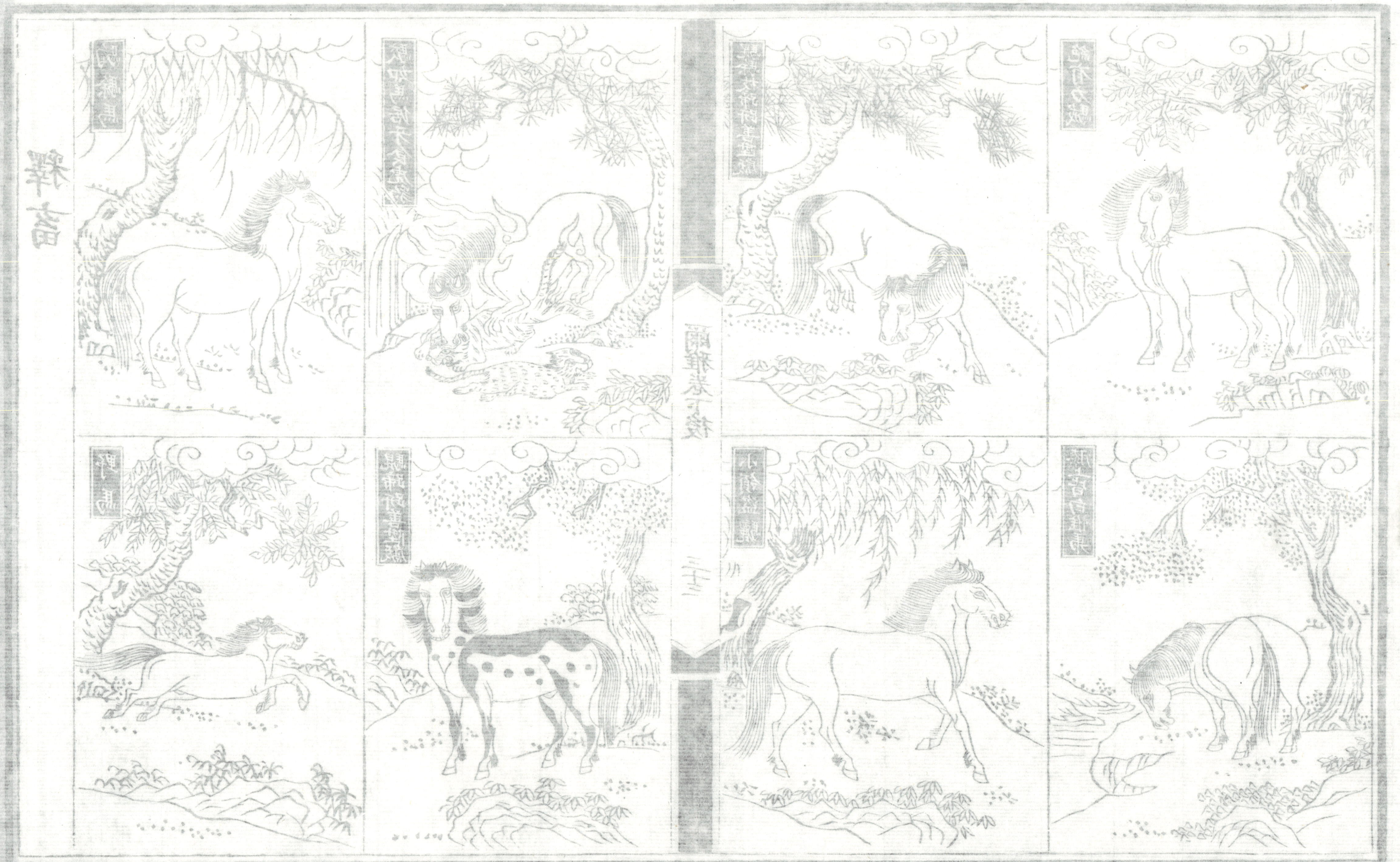

鼫鼠　形大如鼠，頭似兔，尾有毛，青黃色，好在田中食粟豆，關西呼為鼩鼠，見廣雅，音瞿。

鼨鼠　音終。

豹文鼮鼠　鼠文彩如豹者，漢武帝時得此鼠，孝廉郎終軍知之，賜絹百匹。音廷。

鼳鼠　今江東山中有鼧鼠，狀如鼠而大，蒼色，在樹木上。音巫覡。

鼰鼠　音貝。

齸屬

牛曰齝　食之已久，復出嚼之。齝，音癡。

羊曰齥　今江東呼齝為齥。齥，音漏洩，齥音泄。

麋鹿曰齝　江東名咽為齸，齸者齝食之所在，依名云齸。音益。

鳥曰嗉　咽中裏受食之處。

寓鼠曰嗛　頰裏貯食處，寓謂獼猴之類，寄寓木上。

須屬

獸曰齹　自奮齹。音靳。

人曰橋　頠伸。天橋。

魚曰須　鼓鰓。須息。

鳥曰臭　張兩翅皆氣體所須。

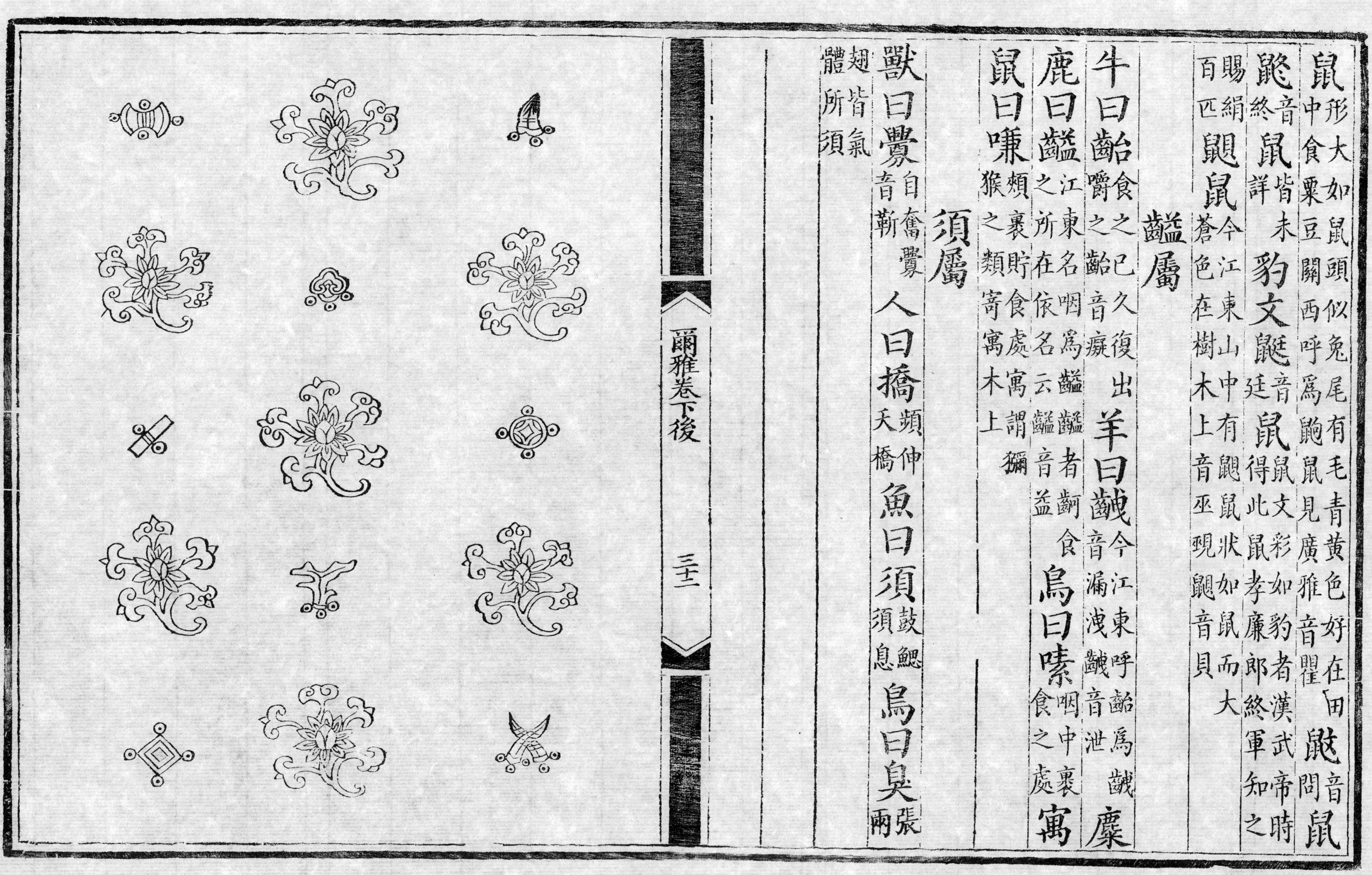

[illegible]曰[illegible]
[illegible]曰[illegible]
[illegible]曰鹽[illegible]
[illegible]曰[illegible]
[illegible]曰[illegible]
[illegible]曰[illegible]
[illegible]曰[illegible]
[illegible]曰[illegible]
[illegible]羊曰[illegible]
[illegible]曰[illegible]
[illegible]曰[illegible]
入曰[illegible]
[illegible]曰[illegible]
[illegible]曰[illegible]
[illegible]

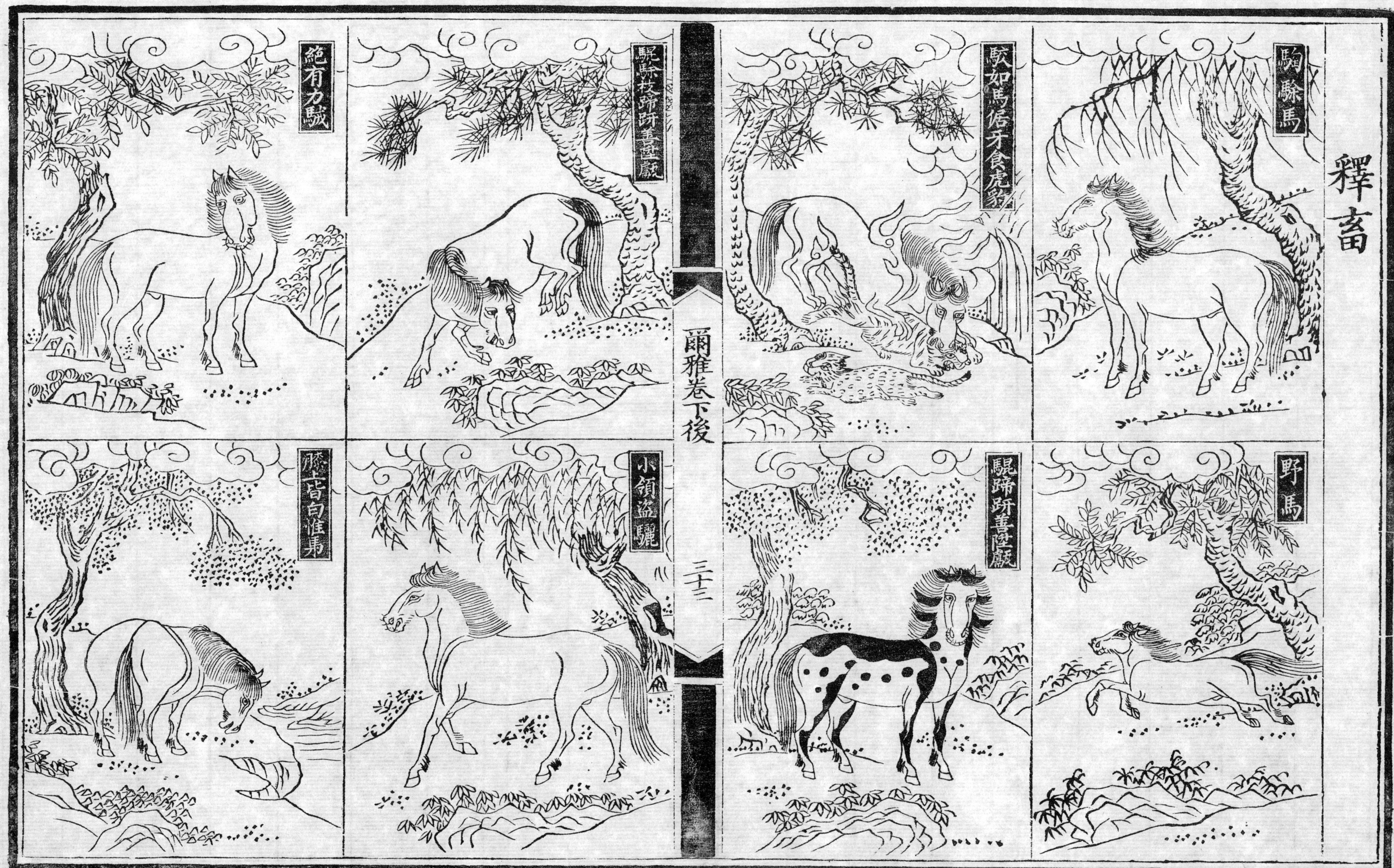

釋畜
駒驫馬
駃騠枝蹄趼善陟峻
駃如馬倨牙食虎豹
絕有力駥
野馬
駥蹄趼善陟峻
小頜盜驪
膝上皆白惟馵
爾雅卷下後
三十三

後右足白驤
前右足白啟
前足皆白騱
四骹皆白驓
左白馬
左白踦
後足皆白騚
四蹢皆白騚
爾雅卷下後
三十四

面顙皆白惟駹
駹顙白顛
尾本白駮
駹馬白腹駅
駹馬黃脊駅
白達素縣
尾白駹
駹馬白跒駒
爾雅卷下後
三五

陰白雜毛駰
驪白雜毛馬
青驪驒
驪馬黃脊騽
蒼白雜毛騅
黃白雜毛駓
青驪繁鬣騥
青驪駽
爾雅卷下後
三十六

白馬黑脣駰
彤白雜毛騢
一目白瞯
白馬黑喙騧
爾雅卷下後
三十七
姚南溪

牛屬
犀牛
犦牛
犦牛
角一俯一仰觠
犩牛
犂牛
犝牛
皆踴觢
爾雅卷下後
三十八

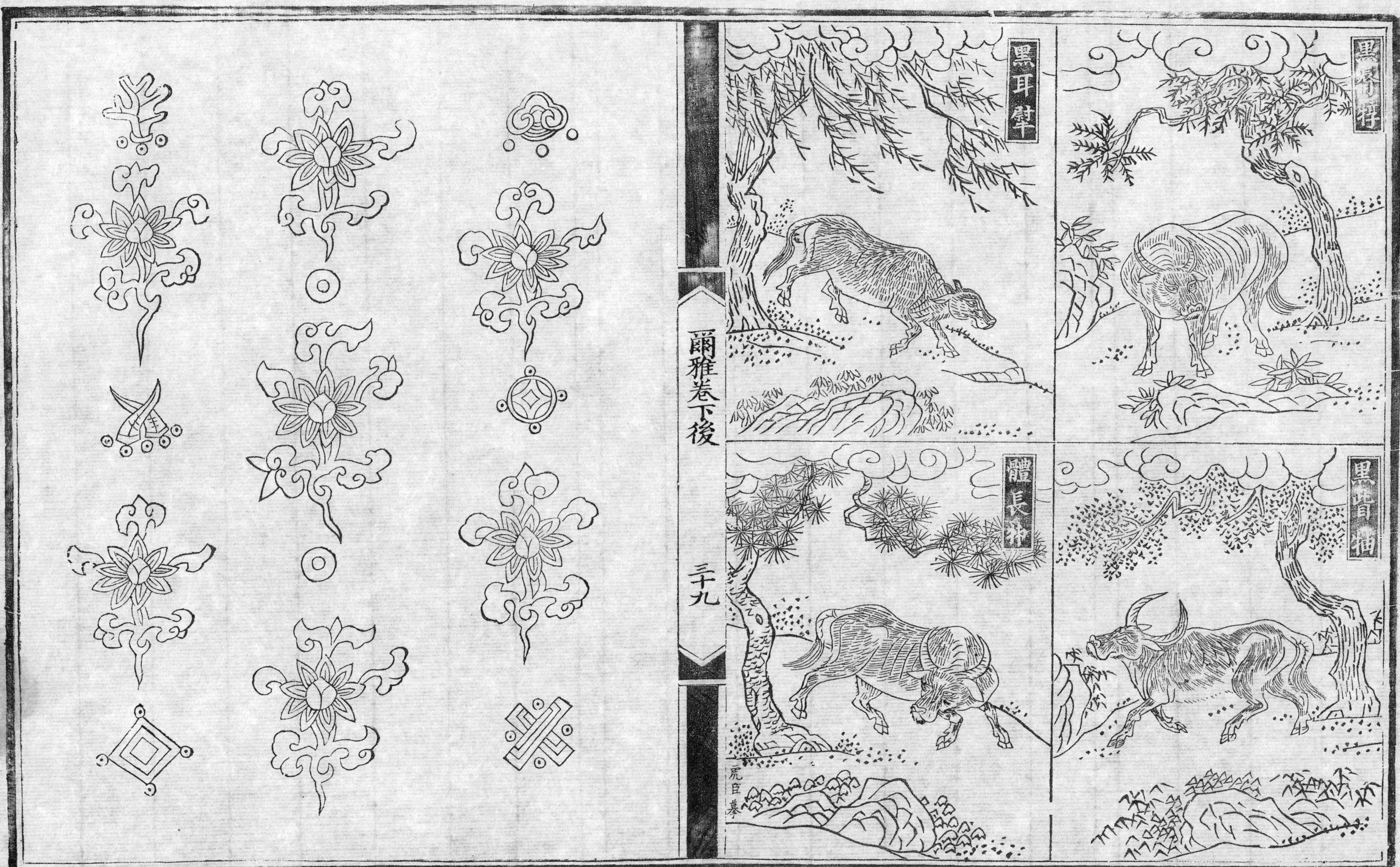
黑耳尉牛
黑㸲牂
爾雅卷下後
三十九
體長牛
里犅牛

釋畜第十九

馬屬

騊駼馬。（音陶徒。山海經云：北海內有獸，狀如馬，名騊駼，色青。）

野馬。（如馬而小，出塞外。）

駮，如馬，倨牙，食虎豹。（倨音據。山海經云：有獸名駮，如白馬黑尾，倨牙，音如鼓，食虎豹。）

騉蹄，趼，善陞甗。（騉音昆。蹄趼硯。甗，山形似甑，上大下小。騉蹄亦似牛蹄而健，上山。秦時有騉蹄苑。）

騉駼，枝蹄，趼，善陞甗。（騉駼亦似牛蹄而健，上山。）

小領，盜驪。（即盜驪。穆天子傳：天子之駿，盜驪、綠耳。）

絕有力，駥。（即馬，高八尺。駥音戎。）

膝上皆白，惟馵。（馵音注。）

四骹皆白，驓。（骹，膝下也。驓音繒。）

四蹢皆白，首。（蹢，蹄。首俗呼為踏雪馬。）

前右足白，啟。左白，踦。（啟傳曰：左驂馵而右啟。踦，前左脚白。踦音欺。啟音起。）

後右足白，驤。左白，馵。（驤音箱。馵音注，又作易。易曰：震為馵足。）

駵馬白腹，騵。（騵馬赤色，黑鬣，尾白腹。騵音元。）

驪馬白跨，驈。（跨，髀間。驈音聿。驪，黑色，跨髀間。）

白州，驈。（州，竅。俗呼驈為宴。）

尾本白，騴。（騴音宴。）

尾白，駺。（駺音朗。抹白尾。晏。）

馰顙，白顚。（馰顙，戴星馬也。白達素，縣。所謂漫臗徹。素，鼻莖也。）

面顙皆白，惟駹。（額音龍。）

回毛在膺，宜乘。（樊光云：官府乘之。）

在肘後，減陽。

在幹，茀方。（脅。）

在背闋，廣。（所在別之名。）

逆毛，居馻。

旋毛在腹下如乳者，驒牛。

玄駒，褭驂。（玄駒，小馬別名。褭驂，小馬耳。或曰此即腰褭，古之良馬。褭音裊。驂音參。）

牡曰騭。牝曰騇。（今江東呼駁馬為騭。騭音質。）

驪馬黃脊，騜。（音慮。）

青驪，駽。（今之鐵驄。）

青驪驎，驒。（驒音顛。）

青驪繁鬣，騥。（音柔。禮記曰：周人黃馬繁鬣。繁鬣，兩披毛，或云美毛鬣。）

青白雜毛，騩。（今之連錢驄。騩音陀。）

黃白雜毛，駓。（今之桃華馬。駓音皮。）

陰白雜毛，駂。（陰，淺黑。今之泥驄。駂音因。）

蒼白雜毛，騅。（今之烏驄。騅音保。）

彤白雜毛，騢。（即今之赭白馬。彤，赤。騢音邅。詩曰：有駜。）

白馬黑鬣，駱。（禮記曰：夏后氏駱馬黑鬣。駱音洛。）

黑脣，駂。（詮音。）黑喙，騧。（爲馬騧，馬騧音瓜。今之淺黃色者。）一目白，瞷。（音閒。）二目白，魚。（似魚目也。詩有驈有魚。）既差我馬，差擇也。宗廟齊毫，（純尚。）戎事齊力，（強尚。）田獵齊足。（疾尚。）

牛屬

犘牛。（音麻。出巴中，重千斤。）犦牛。（音雹。即犎牛也，領上肉犦胅起，高二尺許，狀如橐駝肉鞍，一邊。）犤牛。（庳小牛也，今之犝牛也，又呼果下牛，牛之最小者也。出廣州合浦徐聞縣，健行者日三百餘里，今交州。）犩牛。（危音。如牛而大，肉數千斤，出蜀中。）犣牛。（旄牛也，背膝及胡尾皆有長毛。）犝牛。（童音。無角牛也。）犑牛。角一俯一仰，觭；皆踊，觢。（誓音，堅也。）黑耳，犚；（尉音。）黑脣，犉；（傳曰黑脣，此亦黑。）黑腹，牧；黑腳，犈。黑眥，牰。（軸，眼皆黑。通謂黑脣。犉音墫。）其子，犢。（今青州呼犢爲物，之皆名，卷牛所在。）體長，牬。（牬音，身長者。）絕有力，欣犌。（加音。）

羊屬

羊，牡羒，（謂吳羊白羝也。羒音墳。）牝牂。（詩曰羊墳首。牂音臧。）夏羊，牡羭，（今人便以牂羖爲羊名。羭音俞。）牝羖。（黑羝也。羖音古。）角不齊，觤。（角一長一短。觤音詭。）角三觠，羷。（觠，角三匝。羷音斂。）羊黃腹。（黃腹，下。）未成羊，羜。（爲羜，俗呼五月羔。羜音寧。）絕有力，奮。

狗屬

犬生三，猣；（音宗。）二，師；一，獮。（此與豬生子義同，名亦相出入。獮音祈。）未成豪，狗。（狗子未生，乾毛者。）長喙，獫；（煉音。）短喙，猲獢。（獫，詩曰載獫歇獢。獢音驕。猲音歇。絕有。）力，狣。（兆音。）尨，狗也。（詩曰無使尨也吠。龍也。）

雞屬

雞大者蜀。（今蜀雞。）蜀子，雓。（雓音余。雛子名。）未成雞，健。（今江東呼雞少者曰練。健音。）絕有力，奮。（健。諸物有氣力多者，無不健自奮迅，故皆以名云。）

[illegible] [illegible] [illegible] [illegible] [illegible] [illegible] [illegible] [illegible] [illegible] [illegible]

六畜

馬八尺爲駥〔周禮曰馬八尺以上爲駥駥音戎〕
牛七尺爲犉〔詩曰九十其犉犉音輴〕
羊六尺爲羬〔亦見尸子尸子曰大羊爲羬羬音滯〕
彘五尺爲䝈〔今漁陽呼豬大者爲䝈尸子曰大豕爲䝈䝈音厄〕
狗四尺爲獒〔公羊傳曰靈獒公有害狗謂之獒也尚書孔氏傳曰犬高四尺曰獒即此義獒音敖〕
雞三尺爲鶤〔陽溝巨鶤古之名雞〕
鶤音昆

爾雅卷下終

秣陵陶士立臨字　當塗彭萬程鐫

釋獸
牝犯
所寢樀
奏者媼
貘白豹
四獪皆白狻
爾雅卷下後
二十三

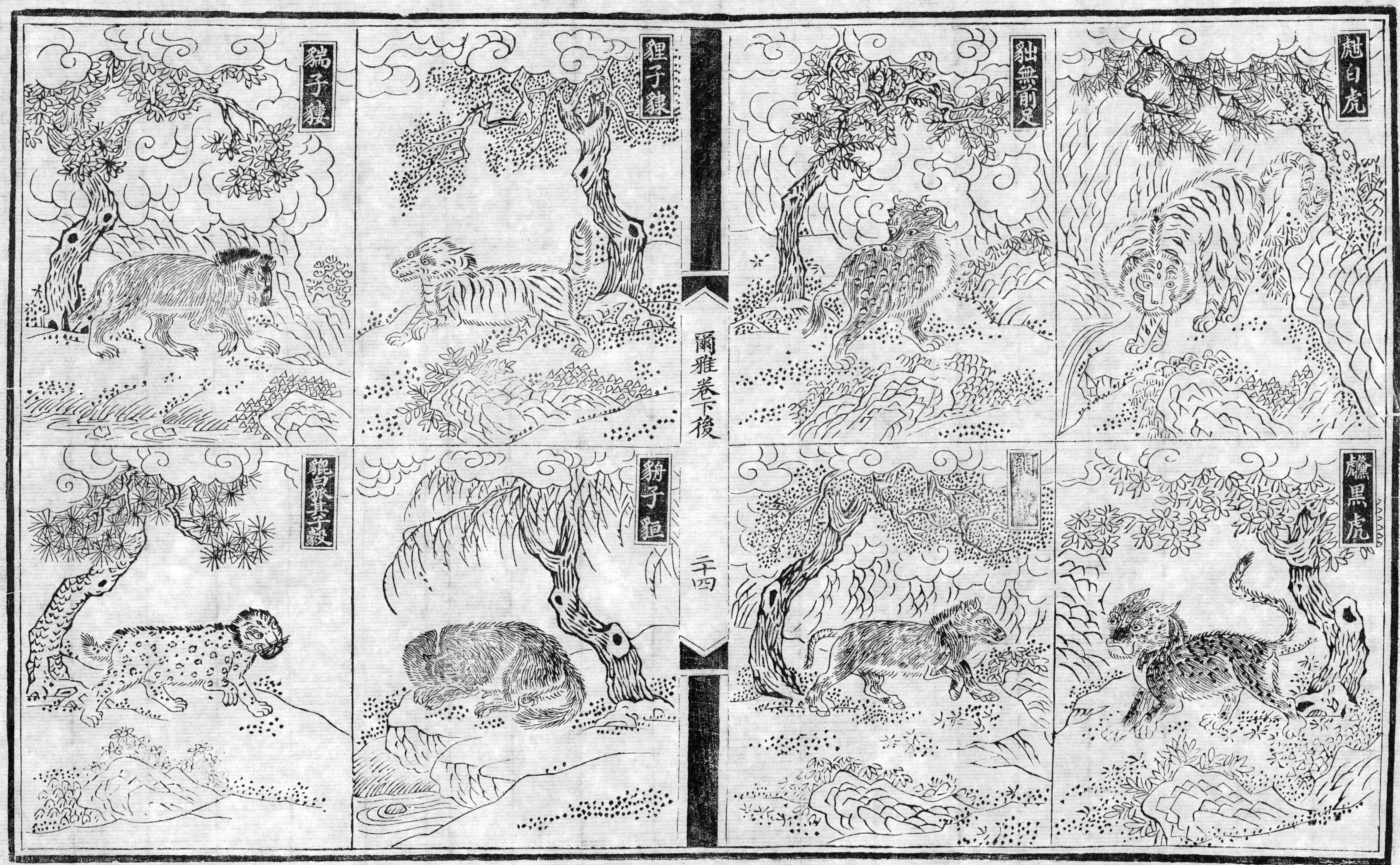
貒子貗
狸子貗
貀無前足
魋白虎
貔白狐其子豰
貙子貜
驢黑虎
爾雅卷下後
二十四

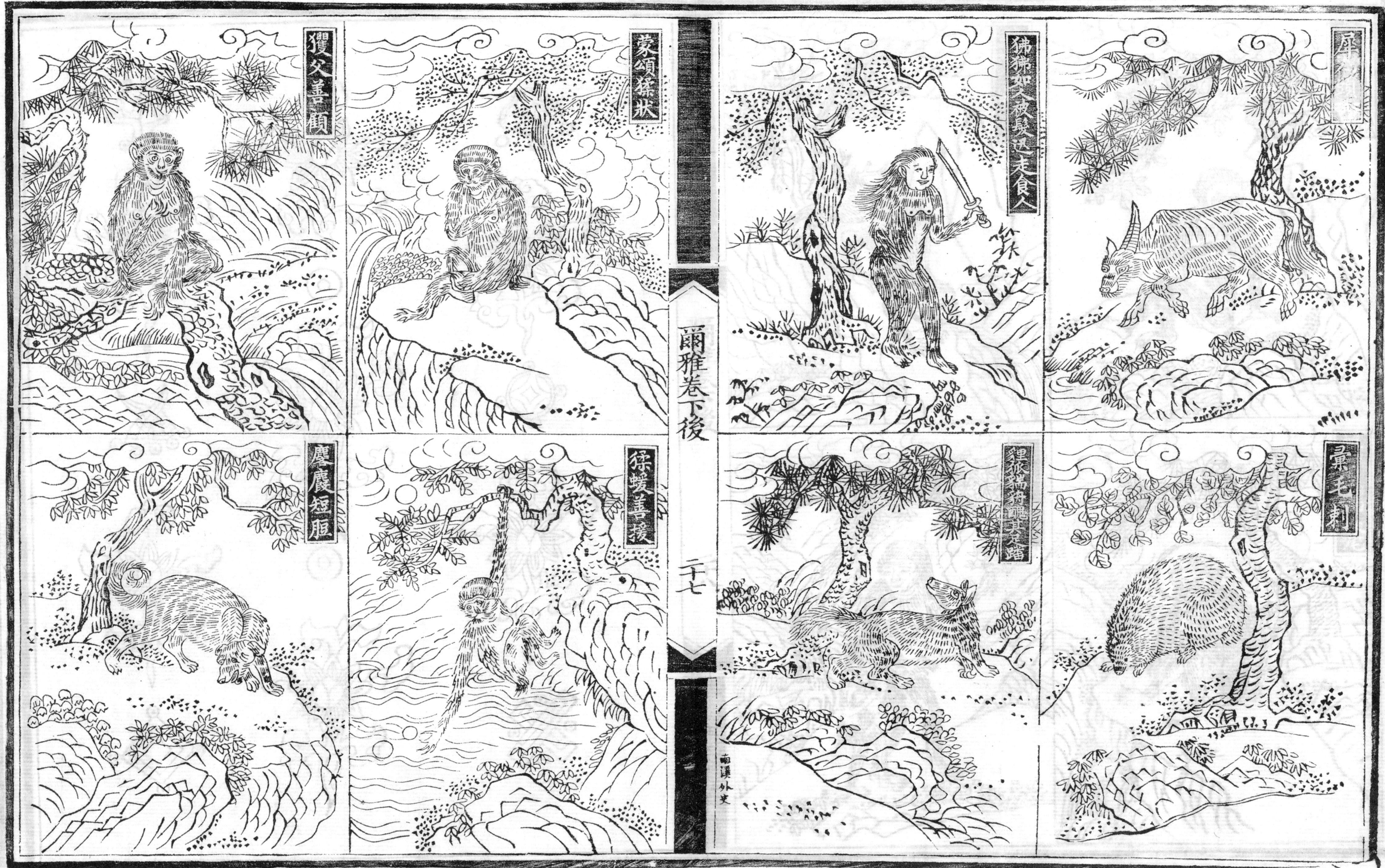
獶父善鬪
蒙頌猴狀
佛佛如人被髮迅走食人
犀
麕麂短脰
猱蝯善援
狸狐貒貈醜其足蹯其跡𨂖
彙毛刺
爾雅卷下後
三十七
南溪外史

一曰神龜
蝮虵博三寸首大如擘手
螣螣蛇
餘泉白黃文
二曰靈龜
鯢大省謂之鰕
蚹王蛇
蛇博兩頷
爾雅卷下後
七
錢唐妣之麟舉
當塗彭萬程刊

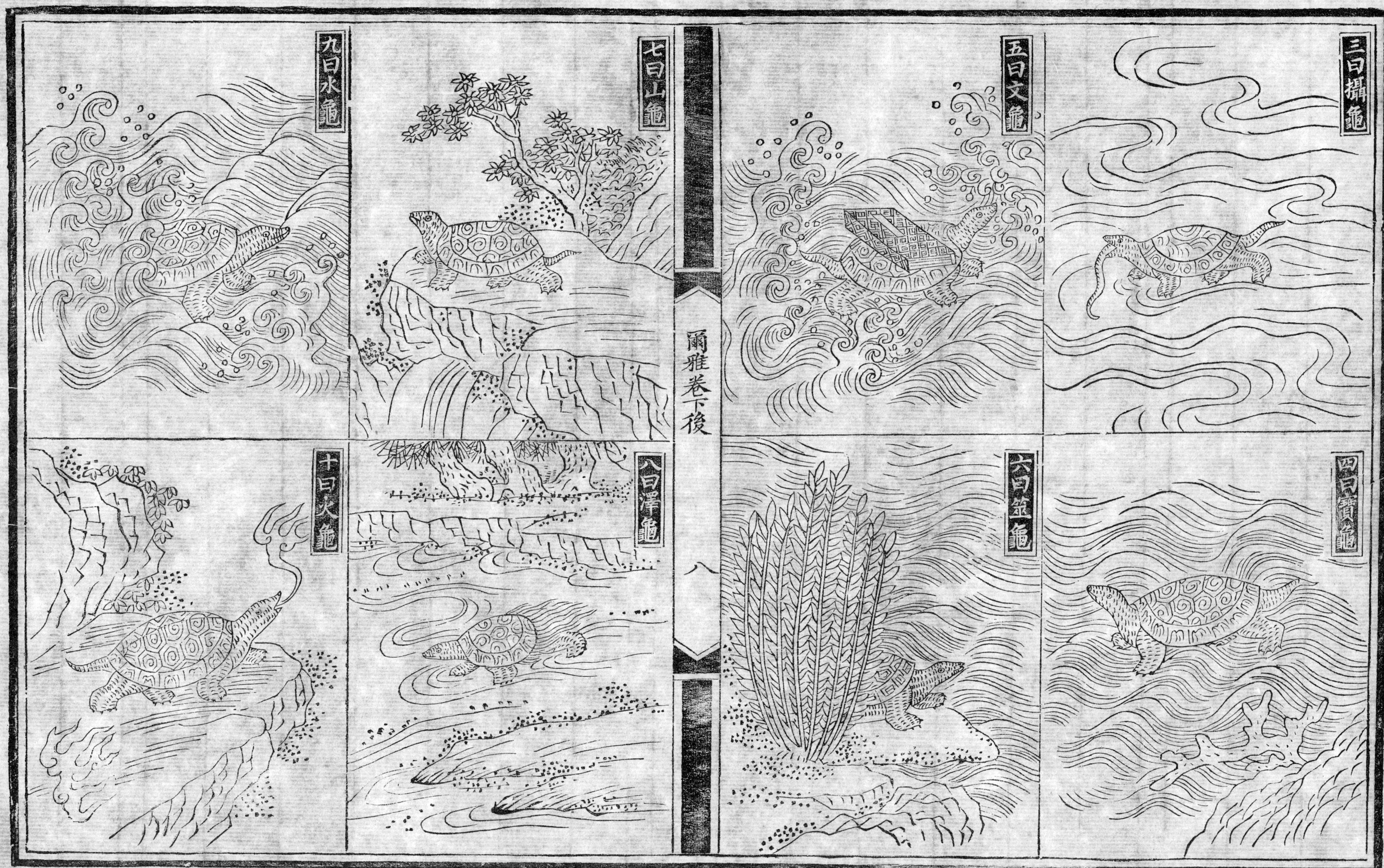
九曰水龜
七曰山龜
五曰文龜
三曰攝龜
爾雅卷下後
八
十曰火龜
八曰澤龜
六曰筮龜
四曰寶龜

釋魚第十六

鯉。〔今赤鯉魚。〕

鱣。〔鱣，大魚。似鱏而短鼻，口在頷下，體有邪行甲，無鱗，肉黃，大者長二三丈。今江東呼為黃魚。〕

鰋。〔今鰋額白魚。〕

鮎。〔別名鯷，江東通呼鮎為鮧。〕

鱧。〔鮦也。〕

鯇。〔今鯶魚，似鱒而大。〕

鯊，鮀。〔今吹沙小魚，體員而有點文。〕

鮂，黑鰦。〔即白鯈魚。江東呼為鮂，音滋。〕

鰝，大鰕。〔鰕，大者出海中，長二三丈，鬚長數尺。今青州呼鰕魚為鰝。〕

鯤，魚子。〔凡魚之子，總名鯤。〕

鱀，是鱁。〔鱀，䱜屬也。體似鱏，尾如䲔魚，大腹，喙小銳而長，齒羅生，上下相銜，鼻在額上，能作聲，少肉多膏，胎生，健啖細魚，大者長丈餘，江中多有之。〕

鮥，鮛鮪。〔鮪，鱣屬也。大者名王鮪，小者名鮛鮪。今宜都郡自京門以上江中通出鱣鱏之魚，有一魚狀似鱣而小，建平人呼鮥子，即此魚也。音洛。〕

鯦，當魱。〔海魚也。似鯿而大鱗，肥美多鯁。今江東呼其最大長三尺者為當魱。音胡。〕

鮤，鱴刀。〔今之鮆魚也，亦呼為魛魚。烈音列，鱴音滅。〕

鱊鮬，鱧鮬。〔《家語》曰：其小者鱊鮬。今江東呼為婢妾魚，未成者曰鱧鮬。〕

魾，大鱯，其小者鮡。〔鱯似鮎而大，白色。鮡音兆。〕

魚有力者，鰴。〔鰴強，大多力。〕

魵，鰕。〔出穢邪頭國。見《呂氏字林》。〕

鮅，鱒。〔鱒似鯶子，赤眼。鮅音必。〕

蠑螈，蜥蜴。

蜥蜴，蝘蜓。

蝘蜓，守宮也。〔未詳。〕

鼁𪓹，蟾諸。在水者黽。

科斗，活東。〔科斗，蝦蟆子也。〕

蛭，蟣。〔今江東呼水中蛭蟲入人肉者為蟣。〕

蚹蠃，螔蝓。〔即蝸牛也。移音移，蝓音俞。〕

蠃，小者蜬。〔蠃，大者如斗，出日南漲海中，可以為酒杯。蜬，即小蠃也。〕

魁陸。〔《本草》云：魁，狀如海蛤，圓而厚，外有理縱橫，即今之蚶也。〕

蛼螯。〔似蛤而小，或曰即彭蠔。〕

蚌，含漿。

蜃，小者珧。〔珧，玉珧，即小蚌。珧音瑤。〕

鱉三足，能。〔《山海經》曰：從山多三足鱉。今吳興郡陽羨縣君山上有池，池中出三足鱉，又有六眼鱉。音奈。〕

龜三足，賁。〔《山海經》曰：從山多三足龜。今吳興郡陽羨縣君山上有池，池中出三足龜，又有六眼龜。貢音奔。〕

龜俯者靈，仰者謝，前弇諸果。〔俯者靈，低行頭；仰者謝，仰行頭。〕

[illegible]

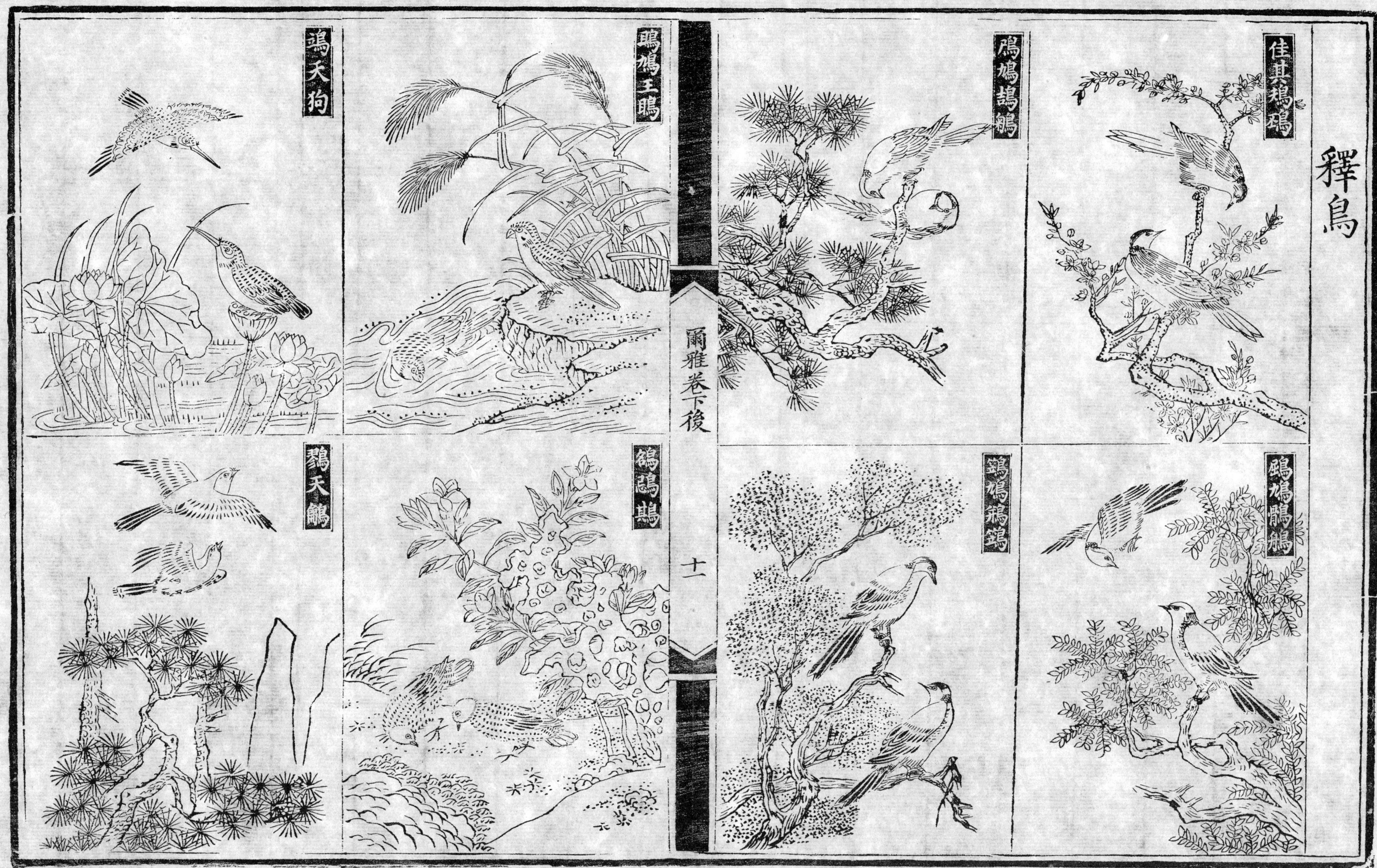
釋鳥
爾雅卷下後
十一
鳿天狗
鴲鳩王鴡
鳿鳩鶷鳩
佳其鳹鴉
鶚天鶴
鶷鳩鴲
鴲鳩鶪鴲
鴲鳩鶡鳩

釋鳥第十七

佳其鳺音夫鵗鴀今鵓鳩鴀音孚鶌鳩音局鶻音骨鵃似山鵲而小短尾青黑色多聲
今江東亦呼爲鶻鵃鵃音嘲鳲音尸鳩鴶音甲鵴今之布穀也江東呼爲獲穀鵴音菊鷑
音及鳩鵧音平鷑小黑鳥鳴自呼江東名爲烏鳴鴡音睢鳩王鴡鵰類今江東呼之爲
鶚好在江渚山邊食魚毛詩傳曰鳥摯而有別也鵅音格鵋音忌鶀今江東呼鵂鶹爲鵋鶀亦
謂之鵋鶀音欺鶅鵵音兔軌未詳鴗音立天狗小鳥也青似翠食魚江東呼爲水狗鷚
音求天鸙大如鷃雀色似鶉好高飛作聲今江東名之天鷚音綢繆鸙音藥鵱音六鷜音廬
鵝今之野鵝鶬麋鴰今呼鶬鴰音活鵅音洛烏鸔水鳥也似鶂而短頸腹翅紫白背上
綠色江東呼烏鸔音駁舒鴈鵝禮記曰出如舒鴈今江東呼鴚音加舒鳧鶩鴨也鶩音
木鳽音研鵁音交鶄似鳧脚高毛冠江東人家養之以厭火災鶄音精輿鵛音經鵌
音徒未詳鵜音啼鴮音烏鸅今之鵜鶘也好羣飛沈水食魚故名洿澤俗呼之爲淘河鸅音睪
鶾音汗天雞鶾雞赤羽逸周書曰文鶾若彩雞成王時蜀人獻之鷽音掘山鵲似鵲而有

文彩長尾觜脚赤鷣音淫負雀鷣鷂也江南呼之爲鷂善捉雀因名云齧齒艾未詳
鶨音彖鶋老鶨鶋也俗呼爲癡鳥鳸音戶鴳音晏桑鳸竊脂俗謂之青雀觜曲食
肉好盜脂膏因名云鳭鷯音尞剖葦好剖葦皮食其中蟲因名云江東呼蘆虎似雀青班長尾
桃蟲鷦其雌鴱鷦鷯桃雀也俗呼爲巧婦鴱音艾鶠鳳其雌皇瑞應鳥鷄
頭蛇頸燕頷龜背魚尾五彩色其高六尺許䳭鴒雝渠雀屬也飛則鳴行則搖鸒音預
斯鵯音匹鶋雅烏也小而多羣腹下白江東亦呼爲鵯烏燕白脰音豆烏脰頸鴽
音如鴾音謀母鵪也青州呼鴾母密肌繫英釋蟲已有此名疑誤重巂音攜周
子巂鳥出蜀中燕燕鳦詩云燕燕于飛一名玄鳥齊人呼鳦音乙鴟鴞鸋鴂鴟類鴟音
支鴞音遙鸋音寧鴂音決狂茅鴟今鳩鴟也似鷹而白怪鴟即鴟鵂也見廣雅今江東通呼
此屬爲怪鳥梟音交鴟土梟鶛劉疾未詳生哺鷇鳥子須母食之鷇音寇生
噣音啄雛能自食雛音鋤爰居雜縣國語曰海鳥爰居漢元帝時琅邪有大鳥如馬駒時
人謂之爰居縣音玄春鳸鳻音汾鶞音旬夏鳸竊玄秋鳸竊藍冬鳸

竊黃。桑鳸竊脂。棘鳸竊丹。行鳸唶唶。宵鳸嘖嘖。皆因其毛色音聲以爲名云，竊藍青色，鳸音戶，唶音借，嘖音責。

鵖鴔戴鵀。鵀即頭上勝，今亦呼爲戴鵀，鵖音必。

鶭澤虞。今婟澤鳥，似水鴞，蒼黑色，常在澤中，見人輒鳴，喚不去，有象主守之官，因名云，俗呼爲護田鳥也，訪音。

鷀鷧。即鸕鷀也，觜頭曲如鈎食魚，鷀音慈。

鷏蟁母。似烏鷃而小，黃白雜文，鳴如鴿聲，今江東呼爲烏蟁，俗說此鳥常吐蚊故以名云。

鴢頭鵁。似鳧，腳近尾，略不能行，其在水上出入則鳴，突鷉。

鸍沈鳧。似鴨而小，背上有文，今江東呼爲沈鳧。

鴗天狗。小鳥也，青似翠，食魚，江東呼爲水狗。

翠鷸。似燕紺色，生鬱林。

鶝鶔如鵲短尾。

鵅鵋䳍。

鼯鼠夷由。狀如小狐，似蝙蝠肉翅，翅尾項脅毛紫赤色，背上蒼艾色，腹下黃，喙頷雜白，腳短爪長，尾三尺許，飛且乳，亦謂之飛生，聲如人呼，食火煙，能從高赴下，不能從下上高。

鴽鴾母。鴾母䳺也，青州人呼爲鴾母。

鴩餔敊。未詳。

鷹鶆鳩。鷐當爲鷞，鷞鳩，鷐字之誤耳，鷐鳩是也。

晨風鸇。鸇晨風也，鷂屬，詩云鴥彼晨風。

鷯鶉，其雄鶛，牝庳。鶛音皆，庳音婢。

鸀鳥山烏。似烏而小，赤觜，穴乳，出西方。

皇黃鳥。俗呼黃離留，亦名搏黍。

狂夢鳥。狂鳥五色有冠，見山海經。

蝙蝠服翼。齊人呼爲蟙䘃，或謂之仙鼠。

鷣負雀。鷣鷂也，善捉雀因名云，江東呼白鷢似鷹，尾厭上。

倉庚商庚。即鵹黃也。

鵹黃楚雀。即倉庚也。

鳽鵁鶄。鳽音堅。

鷺舂鉏。白鷺也，頭翅背上皆有長翰毛，今人取以爲睫攡，名之曰白鷺縗。

鶾天鷄。鶾即鷠雞也。

鷂雉，鳪雉，鷩雉。

秩秩海雉。

鸐山雉。

雗雉鵫雉。即雗雉也，長尾，今江東呼白雗。

雉絕有力奮。奮最健。

伊洛而南，素質五采皆備成章曰翬。翬亦雉屬，言其毛色光鮮。

江淮而南，青質五采皆備成章曰鷂。

南方曰𪁾。𪁾即鵗雉也。

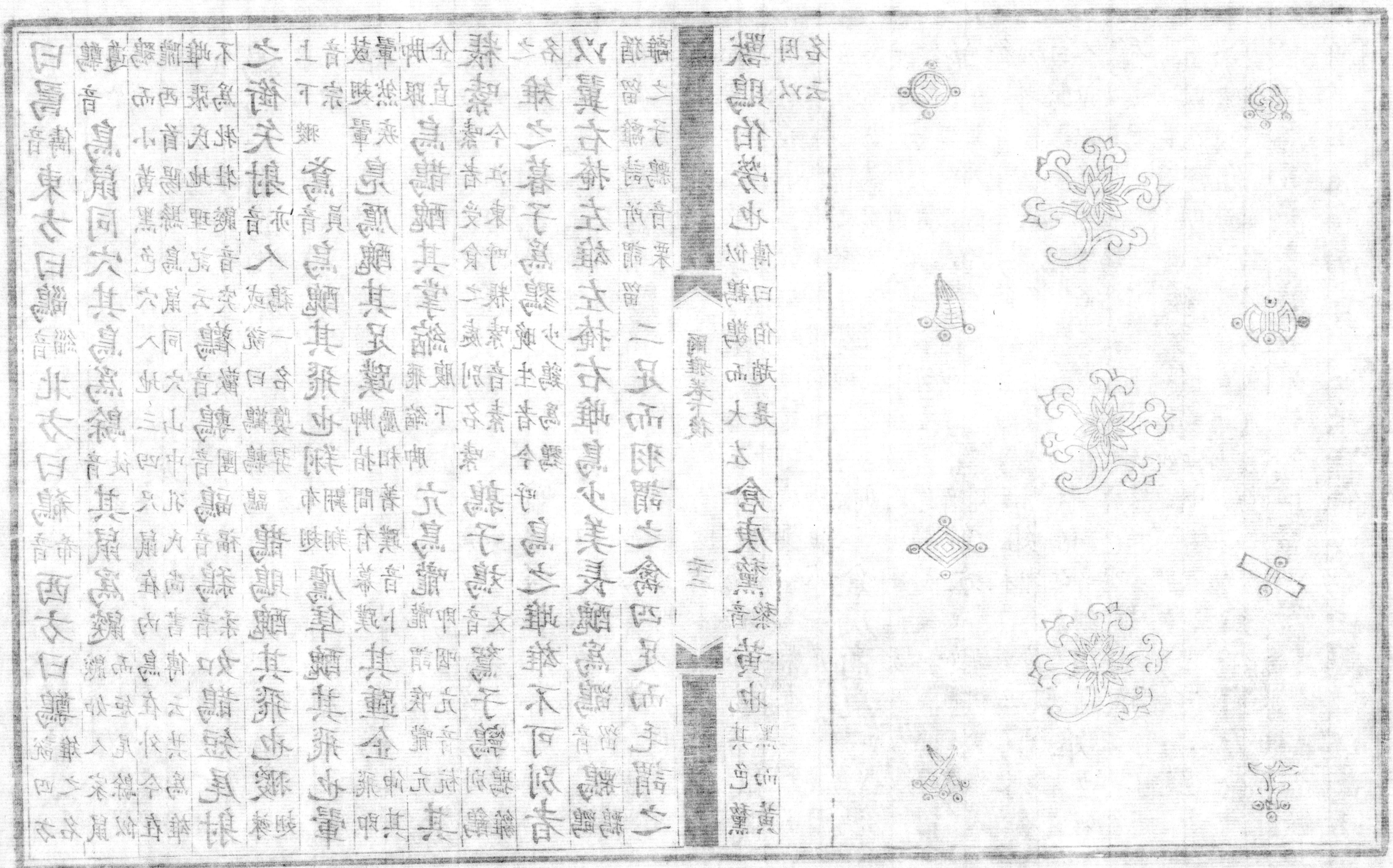

爾雅翼卷十六

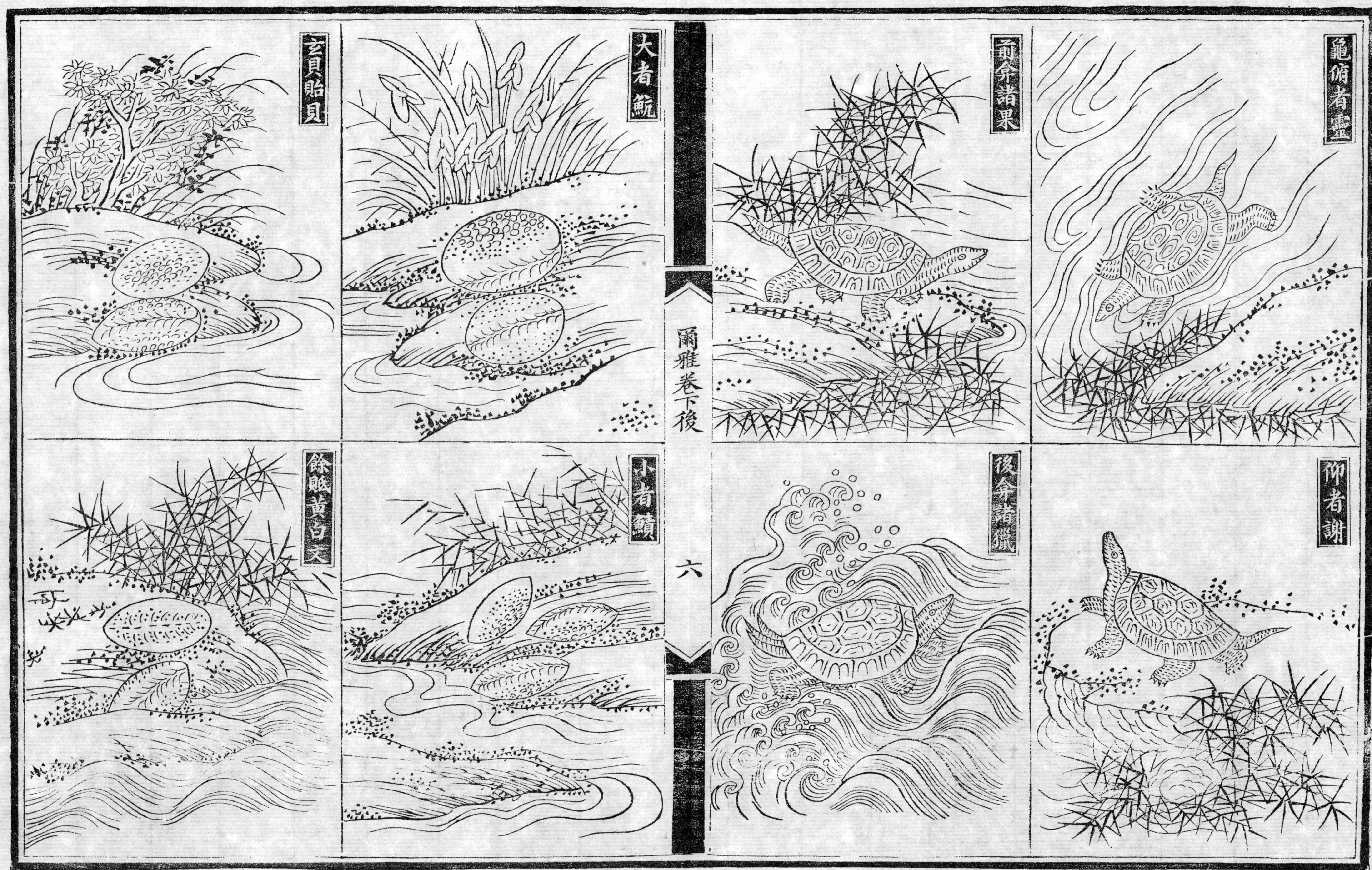
龜俯者靈
前弇諸果
大者魶
玄貝貽貝
餘貾黃白文
小者鰿
後弇諸獵
仰者謝
爾雅卷下後
六

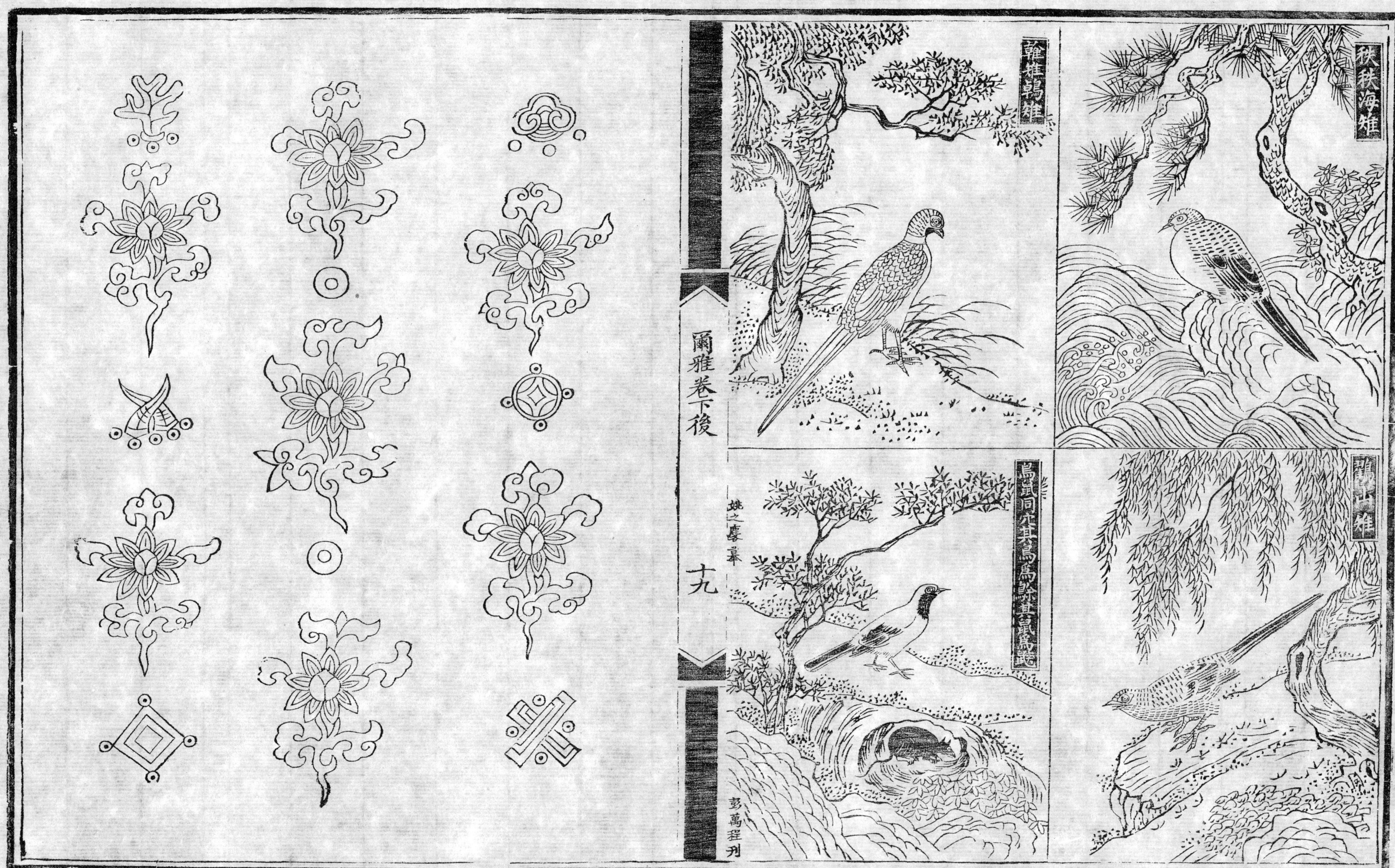
鷂雉鷄雉
秩秩海雉
爾雅卷下後
姚之麐摹
彭萬程刊
十九

鳰雉
鴟雉
鷽鷹鶋
物鳥黃枝佳
鷽雉
鶹雉
鷺鳥鴿
劉鳥荊木
爾雅卷下後
十八

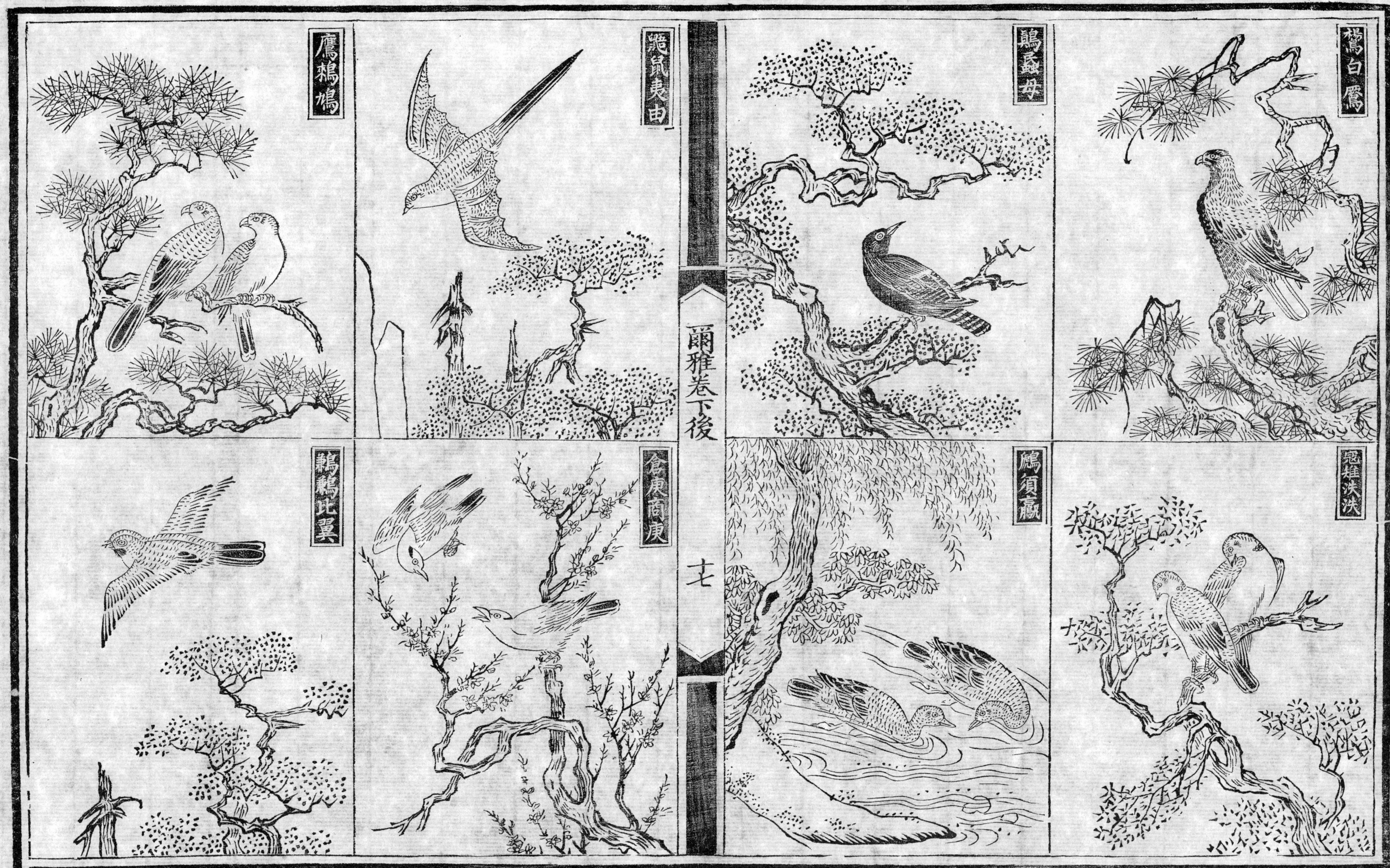

鷹鶛鳩
鼯鼠夷由
鶌螽母
鶠白鷢
鶼鶼比翼
倉庚商庚
鷚須臝
寇雉泆泆
爾雅卷下後
十七

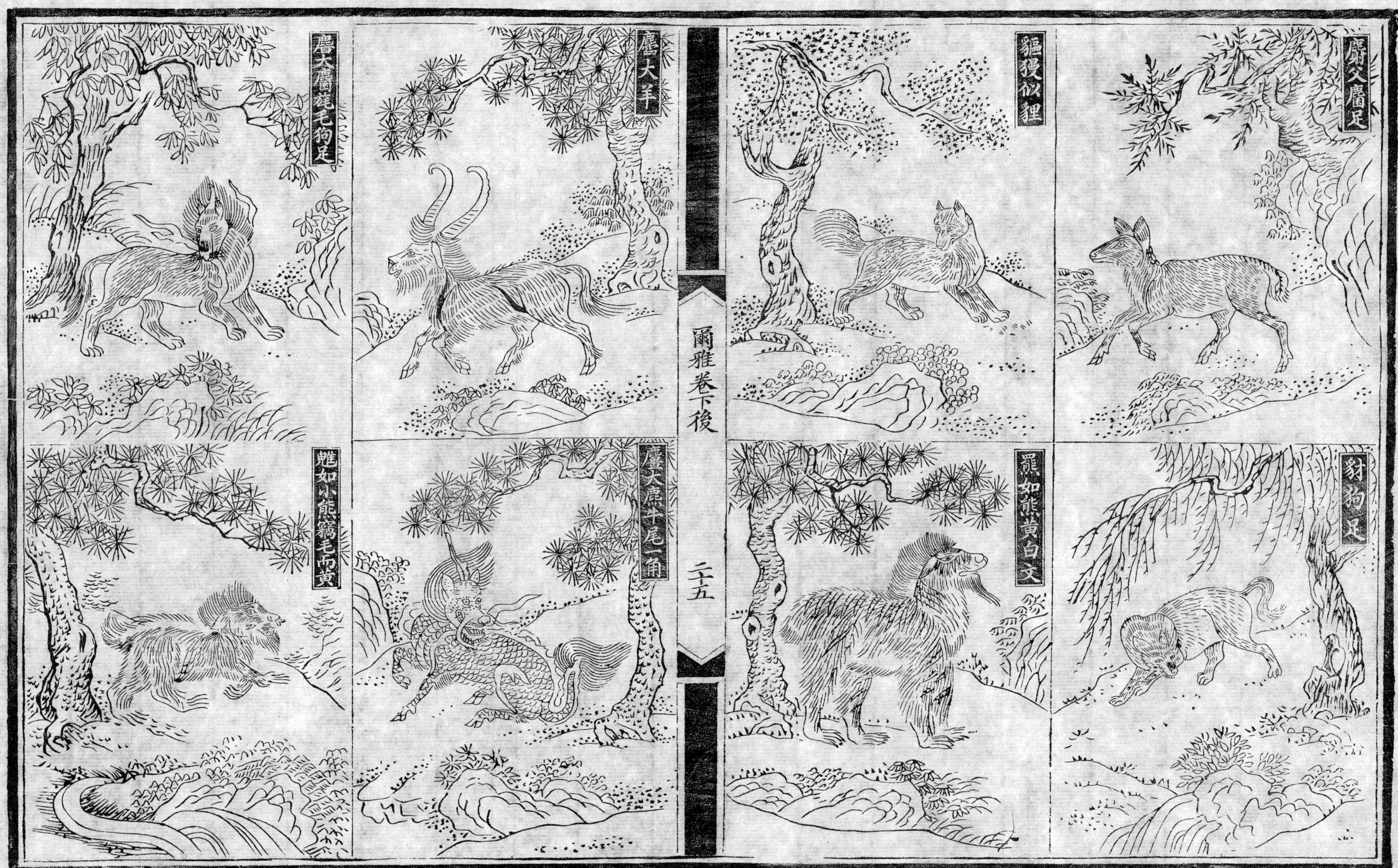

麠大如驢斄毛狗足
麖大羊
貙獌似貍
麔父麔足
魋如小熊竊毛而黃
麟大如麕牛尾一角
羆如熊黃白文
豺狗足
爾雅卷下後
二十五

貙似貍
猶如鹿善登木
羱如羊
貜父類貜虎不食人迅走
兕似牛
豺脩毫
麐麚身牛尾一角
狻麑如虦貓食虎豹
爾雅卷下後
二十六
姚之麟

蝙蝠服翼
翠鷸
狂䳇鳥
萑老鵵
晨風鷐
鵾山鳥
皇黄鳥
爾雅卷下後
十六

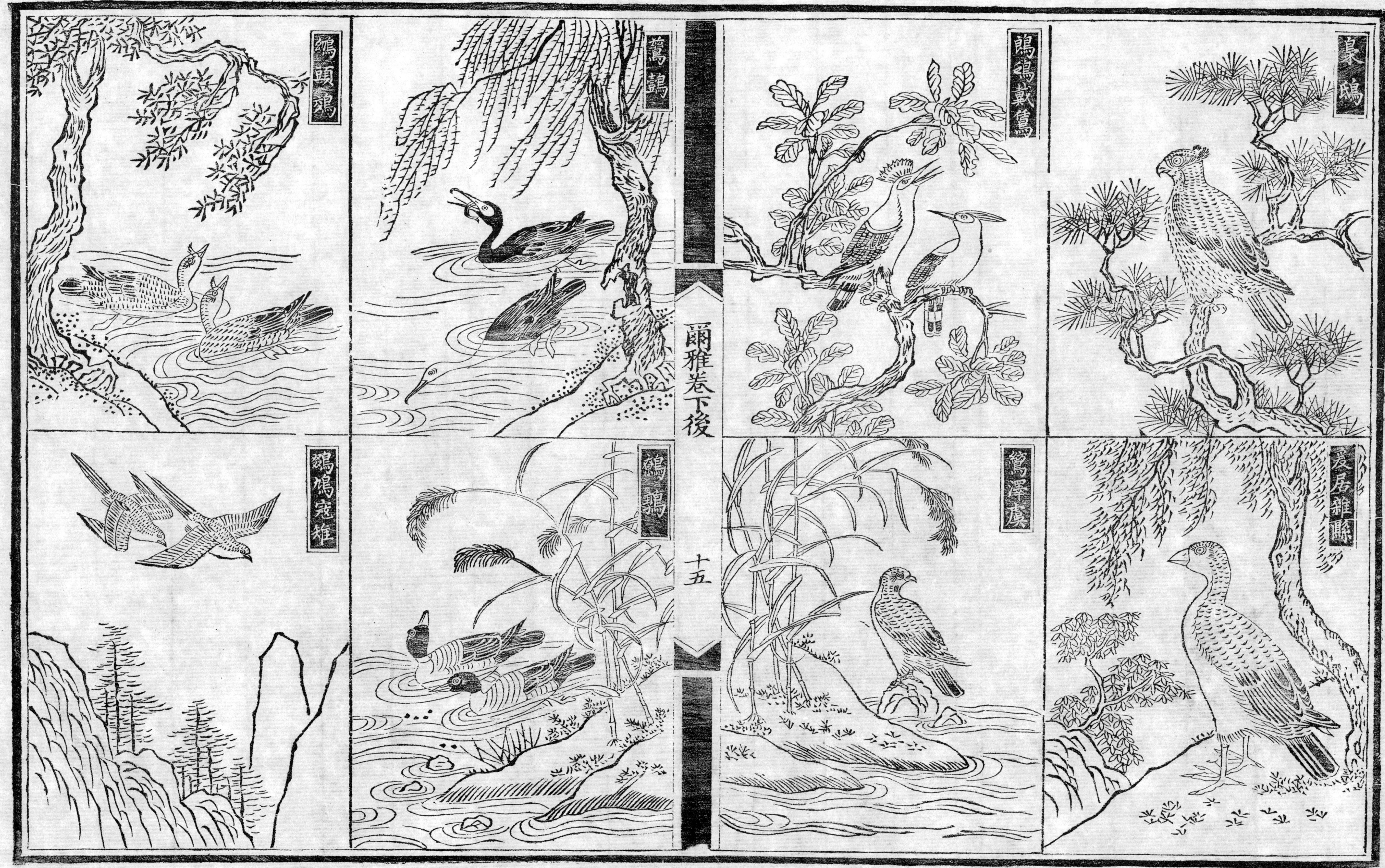

爾雅卷下後
十五
鵁頭鵁
鴛鴦
鶝鴔戴鵀
桑鳸
鵯鳩寇雉
鵁鶄
鴳澤虞
晨風雉縣

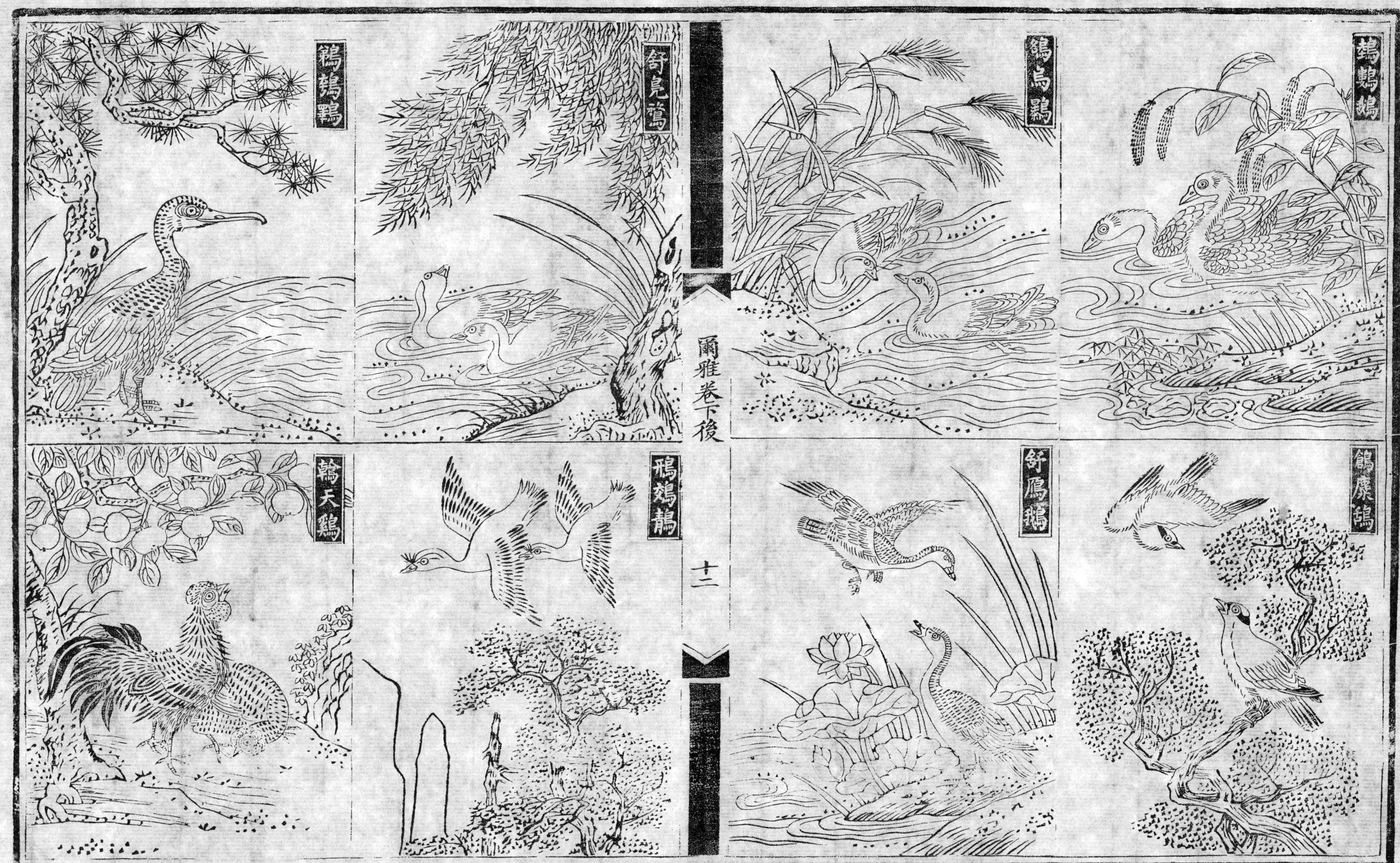
鶡鵯鶥
舒鳧鶩
鵁鳥鶄
鵁鶄鶥
鶾天鷄
鴠鴂鵊
舒鴈鵝
鶴鷚鶹
爾雅卷下後
十二

桃蟲鷦其雌鴱
桑鳸竊脂
鶌鳩老
鷽山鵲
鶠鳳其雌皇
鳻鶞剖葦
鳸鴳
鷦頁雀
爾雅卷下後
十三

狂茅鴟
雟周
燕白脰鳥
鴶鵴鳲鳩渠
怪鴟
燕燕鳦
鷾鴯母
爾雅卷下後
十四

蜻蟬小者螃
蚹蠃螔蝓
蛭蠪
蜌小者蜩
蠃螷小者蟧
鼈三足能龜三足賁
在水者黽
爾雅卷下後　五

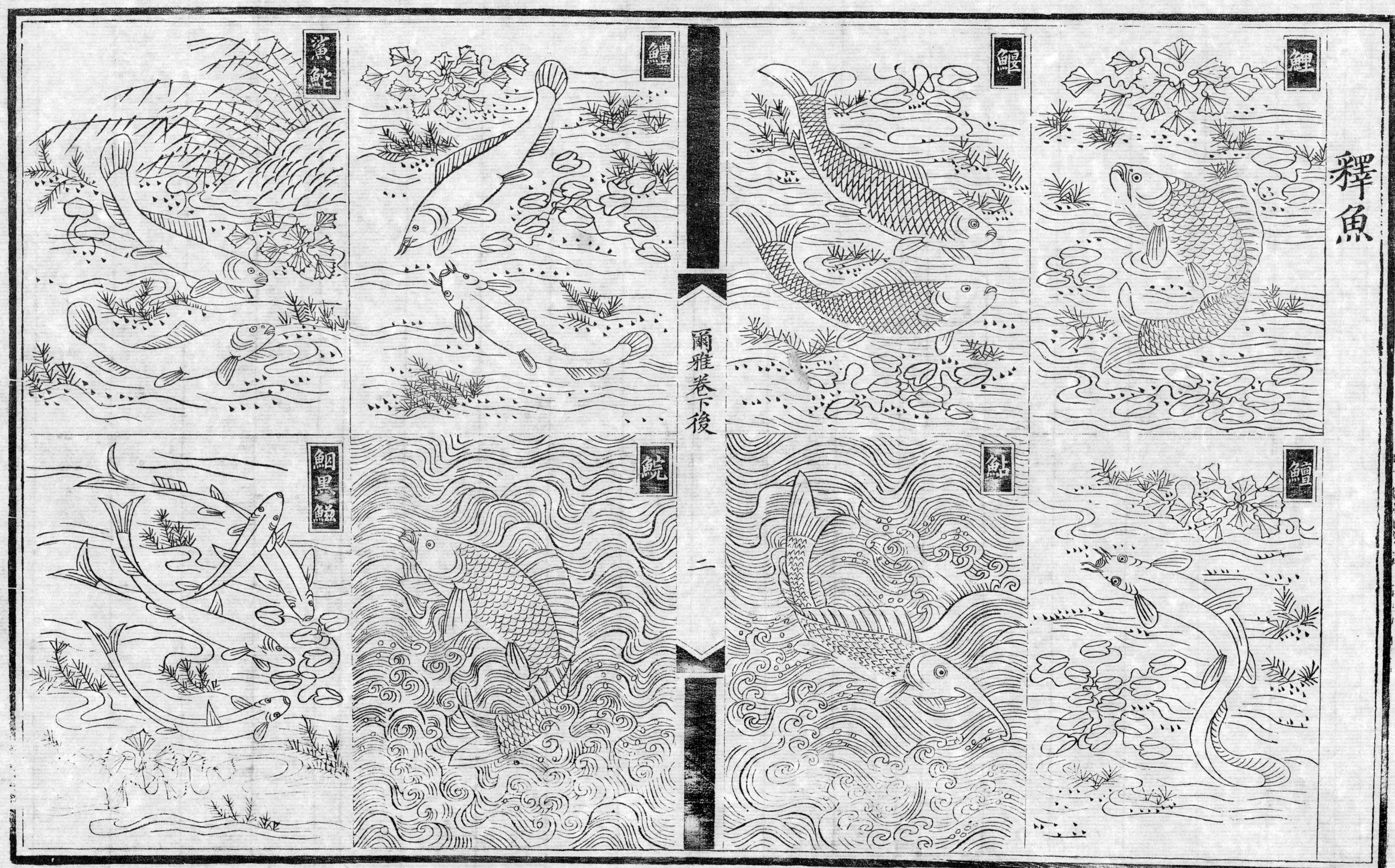
黃鮚
鱧
鯤
鯉
釋魚
鮰黑鯰
鯇
鮎
鱣
爾雅卷下後
二

後弇諸獵，甲前長也。甲後長也。左倪不類，右倪不若。行頭右庫爲右倪。審。卜。食甲形皆爾。貞。

貝，居陸贆，在水者蜬。水陸異名也。貝中肉。蜬如科斗，但有頭尾耳。大者魧。魧即車螯，書名魧，江東呼爲車螯。小者鰿。音積，今細貝，亦有紫色，出南海者。玄貝貽貝。黑色貝也。餘貾黃白文。以黃爲質，白爲文點。餘泉白黃文。以白爲質，黃爲文點。蚆博而頯。蚆音巴，博，大也。頯者，中央廣，兩頭銳。頯音葵。蜠大而險。蜠音窘。險，謂污陷。蟦小而橢。蟦音廷，橢謂狹而長，形容妥。橢音他果切。

蜥蜴，蝘蜓。蝘蜓，守宮也。析音錫。蝘蜓易，蜥蜴蝘蜓蠑螈，轉相解，博異語，別四名也。

螣，螣蛇。龍類也，能興雲霧而遊其中。螣音騰。蟒，王蛇。蟒，蛇最大者，故曰王蛇。蟒音莽。蝮虺，博三寸，首大如擘。蝮蛇，身廣三寸，頭大如人擘指。此自一種蛇，名爲蝮虺。中，淮南人呼蝮蛇。擘音博。

鯢，大者謂之鰕。鯢魚似鮎，四腳，前似獼猴，後似狗，聲如小兒啼，大者長八九尺。鰕音遐。鯢音倪。

魚枕謂之丁，魚腸謂之乙，魚尾謂之丙。枕在魚頭骨中，形似篆書丁字，可作印。乙，禮記曰魚去乙。然則魚之骨體盡似丙丁之屬，因形名之。此皆似篆書字，因以名云。

一曰神龜。神明，龜之最。二曰靈龜。涪陵郡出大龜，甲可以卜，緣中文似瑇瑁，俗呼爲靈龜。三曰攝龜。小龜也，腹甲曲折，解能自張，閉好食蛇，龜之能者，一名陵龜。四曰寶龜。甲有文彩者，河圖曰：靈龜負書，丹甲青文。書曰：遺我大寶龜。五曰文龜。甲負文書者。六曰筮龜。常在蓍叢下潛伏，見龜策傳。七曰山龜。八曰澤龜。九曰水龜。十曰火龜。此皆說龜生之處所，伏此火龜，猶火鼠耳。物有含異氣者，不可以常理推，然亦無所怪。

前弇諸果〔甲前長。〕後弇諸獵〔甲後長。〕左倪不類，右倪不若〔倪音迷。行頭左右庳也。卜食甲，右庫為右，審，水陸異名也。〕

貝，居陸贆〔音標。〕，在水者蜬〔貝中肉如科斗，但有頭尾耳。水陸異名也。〕大者魧〔書大傳曰：大貝如車渠。車渠謂車輞，即魧屬。魧音航。〕，小者䗤〔音積。〕。玄貝，貽貝〔黑色貝也。〕。餘貾，黃白文〔以白為質，黃為文點。〕。餘泉，白黃文〔以黃為質，白為文點。餘貾、餘泉，轉相解博，異名也。〕。蚆，博而頯〔即上小貝。頯，中央廣，兩頭銳。〕。蜠，大而險〔謂大貝。險者，謂污薄。〕。蟦，小而橢〔橢謂狹而長。〕。

蜥蜴，蝘蜓〔蝘蜓，蠑螈，蜥蜴，轉相解博異名。〕。蝘蜓，守宮也〔別四名也。〕。蟒，王蛇〔莽音蟒。蛇最大者，故曰王蛇。〕。蚺蛇〔中淮南。蚺蛇，蟒也。蛇中大者為蝮。〕。蝮虺，博三寸，首大如擘〔身廣三寸，頭大如人擘指。此自一種，名為蝮虺，最有毒。〕。鯢，大者謂之鰕〔鯢魚似鮎，四脚，前似獼猴，後似狗，聲如小兒啼，大者長八九尺。〕。

龜三足，賁〔賁音奔。〕。魚枕謂之丁〔枕在魚頭中，形似篆書丁字，可作印。〕，魚腸謂之乙〔形似篆書乙字。〕，魚尾謂之丙〔形似篆書丙字。此皆似篆字，因以名之。〕。

一曰神龜〔龜之最神明者。〕，二曰靈龜〔涪陵郡出大龜，甲可以卜，緣中文似瑇瑁，俗呼為靈龜，即今珍龜。〕，三曰攝龜〔小龜也，腹甲曲折解能自張閉，好食蛇，江東呼為陵龜。〕，四曰寶龜〔書曰：遺我大寶龜。〕，五曰文龜〔甲有文彩者。河圖曰：靈龜負書，丹甲青文。〕，六曰筮龜〔音世。常在著叢下潛伏，見龜策傳。〕，七曰山龜，八曰澤龜，九曰水龜，十曰火龜〔含異氣者。此皆說龜生之處所。火龜猶火鼠耳，物有不可以常理推，然亦無所怪。〕。

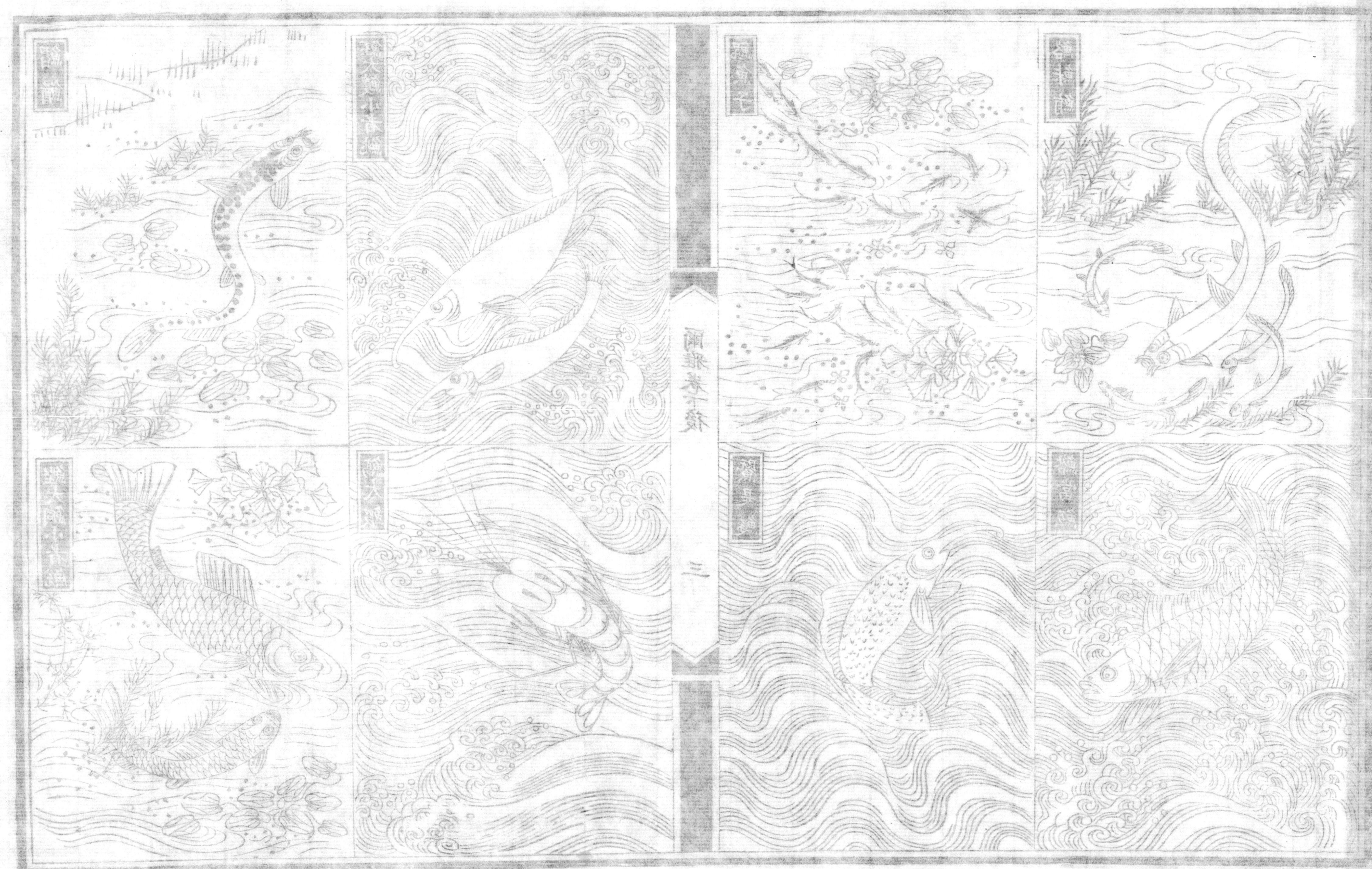

龜，俯者靈，仰者謝，前弇諸果，後弇諸獵，左倪不類，右倪不若。
甲前長。甲後長。今江東所謂左食者靈，右食者謝。行頭右庳，爾為右。行左庳。審諦卜。

貝，居陸贆，在水者蜬。大者魗，小者鰿。玄貝，貽貝。餘貾，黃白文。餘泉，白黃文。蚆，博而頯。蜠，大而險。蟦，小而橢。
贆音標，在水者蜬音含。大者魗即車渠，謂車螯。小者鰿音積。玄貝黑色貝也。貽貝音飴，貝池。餘貾貝池黑色。餘泉以白為質黃為文。黃白文以黃為質白為文。蚆音巴，博而頯音葵，頯者中央廣，兩頭銳，即今蚆。蜠音窘，大而險，謂險污者。蟦音憤，小而橢，即上小貝，橢謂狹而長，此形容橢音妥。

蠑螈，蜥蜴。蜥蜴，蝘蜓。蝘蜓，守宮也。
蠑音榮，螈原音。蜥析音，蜴易音。蝘偓音，蜓廷音。轉相解，博異，別四名也。語轉相別，四名也。

蟒，王蛇。
蟒莽音，王蛇，蛇最大者，故曰王蛇。

蝮虺，博三寸，首大如擘。
蝮，蟲屬，大眼，最有毒，今淮南人呼蝮子。身廣三寸，頭大如人擘指，此擘音指拍。蝮虺音博，三寸首大如擘。

螣，螣蛇。
騰騰音滕，蛇龍類也，能興雲霧而遊其中。

鯢大者謂之鰕。
鯢倪音，大者謂之鰕，鰕今鯢魚似鮎，四脚，前似獼猴，後似狗，聲如小兒啼，大者長八九尺。鰕音遐。

魚枕謂之丁，魚腸謂之乙，魚尾謂之丙。
枕在魚頭骨中，形似篆書丁字，可作印。魚腸謂之乙，魚尾謂之丙。此皆似篆書字，因以名。

一曰神龜，
骨體盡似丙丁之屬，因形名之，龜之最神明者。

二曰靈龜，
涪陵郡出大龜，甲可以卜，緣中文似瑇瑁，俗呼為靈龜，即今觜蠵龜，一名靈蠵，能鳴。

三曰攝龜，
小龜也，腹甲曲折解，能自張閉，好食蛇，江東呼為陵龜。

四曰寶龜，
書曰「遺我大寶龜」。

五曰文龜，
甲有文彩者，河圖曰「靈龜負書，丹甲青文」是也。

六曰筮龜，
常在蓍叢下潛伏，見《龜策傳》。

七曰山龜，八曰澤龜，九曰水龜，十曰火龜。
說者云，此皆說龜生之處所。火龜猶火鼠耳，物有含異氣者，不可以常理推，然亦無所怪。

[illegible] 火通[illegible]
[illegible] 文[illegible]
[illegible]曰[illegible]百[illegible]文[illegible]
[illegible]

鮥鮛鮪
鯤魚子
鱤大鱯小者鮧
鰛鮋
爾雅卷下後
三
鮎當鱫
鰦魚是鮻
鱭大鰕
鮷大鮦小者鮱

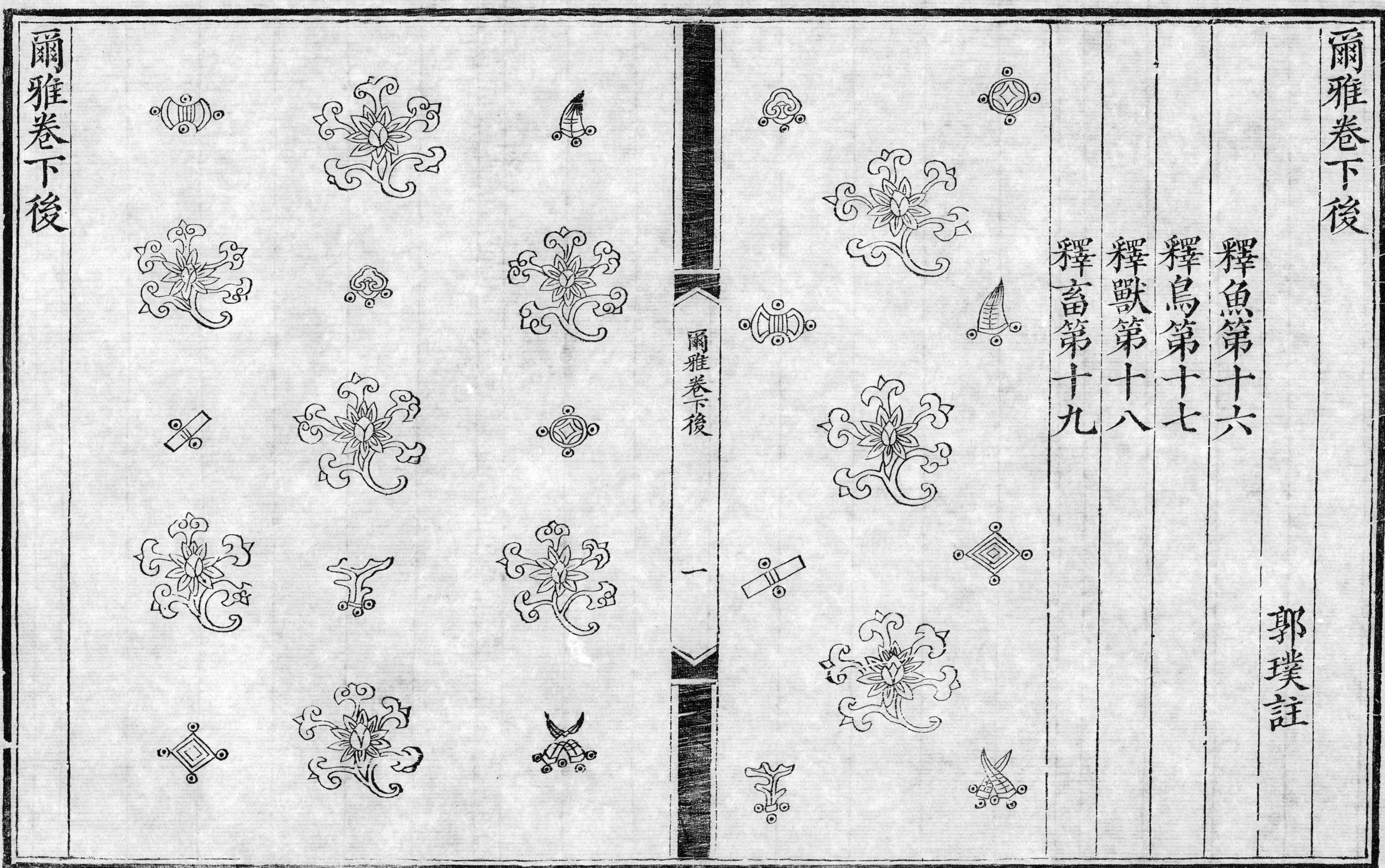

釋魚第十六
釋鳥第十七
釋獸第十八
釋畜第十九
郭璞註
爾雅卷下後
一

科斗活東
鯦鰊
魵鰕
鯬鯠刀
魁陸
蛭蟣
鱦鱒
鱄鮅鯦鰤
爾雅卷下後
四